総支配人の教科書

福永健司

まえがき　～　**総支配人が進む険しい道を明るく照らしたい**

私は四四歳で初めて外資系グローバルホテルチェーンのフルサービス型ホテルの総支配人職に就きました。我流ながらも総支配人になるための準備を十分行なっていた自負があったため、相応以上に職務を遂行できるだろうと考えていました。今考えると、あまりにも傲慢で自信過剰で浅はかな考えだったと思います。

案の定、実際に自身で操縦桿を握りホテルを運営してみると、想定していたものとは大きく違いました。整っていたと思う準備は穴だらけ。欠落している知識も多々ありました。四四歳の新米ホテル総支配人福永健司は、半人前の総支配人でした。

それから一〇年以上が過ぎ、複数のホテルで総支配人職を担い、そして統括総支配人として二〇カ所以上のホテルを見てきた経験から、最近になってようやく何が必要なのかが見えてきました。

それは「Warm Heart」と「Cool Head」。すなわち、「人を感化させて動かすほどの情熱とエネルギー」と「怜悧《れいり》にして横断的な知識と心構えを兼ね備え、冷静沈着に物事を判断できるビジネスマンの頭脳」です。

総支配人として館内に足を踏み入れた日から、その人は組織の〈長〉であり、ドライバーです。そこに新米だとか経験豊富であるとかは一切関係がなく、「新米だからできない、分からない」というのでは一緒に働く部下にも不安を与えるだけです。また、館内では誰に教えを乞うこともできません。たとえ、総支配人としての知識や経験が不足していたとしても、就任後は一刻も早く〈本物〉の総支配人にならなければいけないのです。

ただ、そうはいっても、ほとんどの総支配人は、徒手空拳で不透明・不確実の環境に立たされ、指揮官としてマネジメントすることが求められるのが実態です。

そんなホテル業界の実態や自身の経験を踏まえ、ホテル総支配人の教科書が必要ではないか。私は以前から、そう感じておりました。総支配人の職務を分解し、体系的にして、論理的に理解できる教科書、総支配人に初めて就任するホテリエの不安をできる限り軽減できるよう職務を客観的に可視化できるガイドブックです。

残念なことに私の知る限り、そのような教科書は存在しません。「ないのであれば自分で作ろう」。これが本書の原点です。私は「四〇歳で総支配人になろう」と決意し、自分なりの目標を立て準備をしていましたが、前述の通り、職務に就けたのは理想に遅れること四年後でした。もしこの教科書があったとしたら、総支配人への就任は目標とした年に叶ったかもしれませんし、就任後はもっと効率よく効果的に職務を果たせたかもしれません。

現職総支配人の多くは、過去に仕えた総支配人の背中を見て、そのスタイルや行動を参考にしながら自分なりの「総支配人としての理想像」を作り上げています。ただし、大半の方がキャリアの中で実際に仕えた総支配人の数は多くて五人。そのうち自身が副総支配人や部門長などになり身近で直接仕えたとなると三人もいないのが現状だと思います。本書では、総支配人のロールモデルが少ないという実情を補うべく、私自身の実際の経験と、私が仕事で関わった日・米・欧、そしてアジアの三〇人以上の総支配人とのやり取りで学んだ能力、つまり、「職務を遂行するために必要な事項」を紹介していきます。

一〇年以上前までは、総支配人になりたくても震災やリーマンショックなどの不況もあって、ホテル開業の機会が少なく、総支配人のポジションには数に限りがありました。しかしその後、インバウンド(訪日外国人)数が増大し、東京五輪などの国際的なイベントが開催され、IR(カジノを含む統合型リゾート)の開発といった追い風が強く吹くなか、多業種からのホテルビジネスへの投資と参入が激増しました。そして、過去に例を見ない空前絶後のホテル開業ラッシュが巻き起こります。その結果、ホテリエ本人の意志や準備の有無とは関係なく、急に総支配人職にアサインされることが多くなったのです。
そのような背景のなか、準備不足によって思うようなパフォーマンスが発揮できず撤退していく総支配人も少なからず出てきました。これは本人だけではなく、そのホテルのスタッフ、そしてオーナー会社、ひいてはホテル業界にとって不幸なことだと感じます。このミスマッチを早急に解決する必要があるのではないでしょうか。経験不足や準備不足の総支配人はＫＫＤ、つまり「勘と経験と度胸」をベースとして職務を行なわざるを得ず、その結果、ミスリードをしてしまう。そんな時は、軌道修正を行なうための助けが必要です。本書は、その一助になることを目指して、世に出そうと企画しました。

以前、私の同僚が、こんな名言を残しました。

「普通の仕事と比べると、ホテルの仕事は五倍大変だけれども、楽しさは一〇倍」

同様に私はこう感じています。

「総支配人の仕事は一般職に比べて一〇倍大変だけれど、充実感は一〇〇倍」

総支配人職は決して楽ではありません。年間で換算すると、もしかしたら九九パーセントが苦悩の連続かもしれません。しかし、残された一パーセントが九九パーセントの苦労を凌駕し、喜びやプライドに変わる。その一パーセントとは、厳しい環境下でビジネスをドライブし、結果を出した達成感かもしれませんし、チームとして難関を乗り切った者だけが知る、リーダーとしての誇りかもしれません。また部下などの個々人の成長に関与したことや、ゲスト、オーナーなどの期待値を超え、喜んでもらえたことなどの瞬間かもしれません。いずれにせよ、この一パーセントを求めて奮闘し、今日も多くの総支配人が現場に立ち、自身の責任を果たすべく懸命に戦っています。

本書は、最前線で戦う総支配人の視点で「ホテル運営の要諦」を網羅しています。よって、そのまま「ホテルビジネスの基本書」にもなることを意識しています。現職総支配人の皆様の新たな気付きとなり、また総支配人職を志望する多くのホテリエの皆様の参考となることを願っています。また、ホテルオーナーやアセットマネジャー、はたまたホテリエ志望の学生諸氏のお役に立つことができれば、著者として望外の喜びです。

目次

『ホテル総支配人の教科書』目次

第一章　ウォームハート

心は熱く、頭は冷静に。

ある意味「経営者」ともいえる総支配人の心構えを端的に言うとこうなります。

ゲストやスタッフ、さまざまなステークホルダーなど、総支配人が日頃相手にするのはいずれも「人」です。ですから、常にコミュニケーションを重視し、前向きな姿勢を崩さないことです。そのためには、内なる炎を燃やし続けることが大切です。すなわち、「セルフスターター」であり、「セルフモチベーター」であることが、総支配人の必須要件です。

一方、多くの不測の事態に直面するのがホテルです。物事に一喜一憂せず、特に危機の時ほど頭を冷やして立ち向かうことです。そのためには、頭にもうひとりの自分を存在させ、自身を客観的かつ冷静に見つめることが求められます。

「ウォームハート」でスタッフを見守り、モチベーションに火を付け、「クールヘッド」で、冷静に情況を俯瞰し、物事を整理、体系化する。総支配人には、この両方が不可欠なのです。

ウォームハートとクールヘッド。ホテル総支配人に必要なこの二つを、本書の冒頭でお伝えしたいと思います。まずは、ウォームハートです。

天の時、地の利、人の和

天の時、地の利、人の和。

これは、戦国時代に生まれた勝利の方程式の三要素です。「時代や時流が味方し、場所や環境に恵まれ、そして人の協力や人脈などがあれば負けるわけがない」という意味です。現在のビジネス、そしてホテルビジネスにも十分通用する教えです。

私はブランドの禁を犯したことがあります。「紳士・淑女」をテーマとし、伝統や落ち着き、上質感を大切にするラグジュアリーホテルを総支配人として率いているときのことでした。そこに、「ディスコ」を持ち込んだのです。もちろん、ラグジュアリーホテルが手掛けるディスコを標榜したので、大人の男女の要望に応えられる上質な空間を創り上げることを第一に考えましたが、ディスコは、そのホテルのブランド的にはご法度的なものでした。

それでも実現に踏み切ったのには理由があります。当時は経済が上向き、人の流れが活発で、なおかつ消費欲旺盛なディスコ世代が五〇歳前後になり、時間とお金を使える場所を探している空気がありました。これが「天の時」です。

そして、ホテルのある地域には大人の男女がドレスアップしていく空間があまりなく、またディスコを実施している競合もなく、そして会場は過去に筆者が見てきたなかでも最も適していました。「地の利」が整っていました。

最後に「人の和」ですが、流行していた当時（八〇年代）のディスコを知っている人と知らない人が混在し、古き良きものと現代の新しい感性が融合し、活力に飢えていたスタッフたちが一致団結するイベントとなりました。それぞれの情熱がそれぞれの行動となり、全員のベクトルが揃って突き進みました。ビジネス的にも大成功を収め、当初は批判的であったブランドマネジャーからも賞賛の声をいただきました。天の時、地の利、人の和が揃って成功した体験として今でもよく憶えています。

ともすると「人の和」が一番重要であるという錯覚に陥りがちですが、ビジネスという戦場での勝ち目の確率を上げるには、どれを優先させるかということはありません。「人の和」が重要であることを否定はしませんが、同時に「天と地」も押さえることも重要です。

また、当然ながら三要素が完全に一致することは稀です。その場合は、足りていない部分をどう補うのか、あるいは足りている部分をさらに強化するにはどうすればよいかを考えなければなりません。この三要素を整理することは、「できないことを問う」のではなく、「どうすればできるのか」を考えるよい思考法でもあります。

人材の配置にも同じような言い回しがあります。

The right person in the right place.

適材適所、そして「Right time」や「Right role」。適切なタイミングとしての巡りあわせや、適切な役割がフィットすれば怖いものなしとなります。

キャリアデザインにおいても、異動の時期や転職に際して闇雲に動くのではなく、タイミングや役割を見極めることです。まず、そのホテルがどのような状態にあるのかを知ること。開業なのか、売却や買収の渦中なのか、改修時なのか、あるいは人が抜け続けて混乱の時期なのか……。これらを見極めてから動くことです。

混乱期や低迷期に入っているホテルへの異動や転職は良くないという考えもありますが、状態がネガティブな場合でも、やりようによっては、その後は上向くしかないこともあります。そう考えれば、そうした混乱期はチャンスと考えることもできるのです。

Oh My God！　修羅場の経験

ホテリエを何年も続けていると、修羅場に出くわすことは多いと思います。この修羅場経験、

「いくつ潜ってきたかで、総支配人の懐の広さや耐久力が決まる」と私は感じています。人は経験を通して認識し、学び、比較することで、恐れや辛さから解放されます(「あの時に比べれば大した事象ではない」と考えられる)。修羅場経験を重ねると、ストレスやハプニングへの耐性が養われ、対応能力が向上し、動じない心が培われます。

修羅場経験を英語で表現すると、差し詰め「Oh My God(OMG)経験」といったところでしょうか。そんな時にどう対応したか、どう判断し、どう行動したか。その経験の集積が、強いメンタリティをつくり上げていきます。

私自身もここに至るまでに大小さまざまな修羅場を潜ってきました。そのなかでも強く記憶に残っているのが、東日本大震災の被災の中心都市である仙台に、震災三日後に赴任した経験です。当時、総支配人不在のホテルを切り盛りし、再開業させたことは自身にとって貴重な経験となりましたが、正直、「なぜ、自分だけがこのような目に遭うのだろうか」という、負の感情をぬぐい切れずにいました。しかも、これが長年の夢だったホテル総支配人としてのデビュー戦でしたので、なおさらです。そのとき悟ったのは、「夢の実現とは、苦労の始まりであり、苦労を背負うことを恐れてはいけない」ということでした。

総支配人はいついかなる時にも厳しい状況から逃げずに乗り切るという気概が必要です。複雑かつ先行き不透明な世の中で、力強く、前向きに進むために、時には己を追い込み、強靭な精神力を培うことも必要です。ホテルの現場では部下を前に狼狽《うろた》えることも、ひるむことも許されず、堂々としていることが求められるからです。

この先、人工知能やIT技術の発達で単純作業が減少していくと、個々人に求められるのは、物事を総合的に判断するための広い視野や、物事に動じない精神力、人を慮《おもんぱか》る感情です。

それを備えるには、早い段階からより多くの経験、特に厳しい環境や課題にどんどん接する必要があるのです。多くのOMG体験を持ってください。

経験は師なり。すべての出来事は自分を成長させる砥石です。経営トップとして判断できるのが総支配人。重い決断をすることは総支配人として使命であり宿命です。そう考えて、感謝の念を持って立ち向かいましょう。

自分の最大化をはかるべし

レベニューマネジメントの定義は、「最適な商品（客室）を、最適な顧客（セグメント）に、最適な時期（タイミングや滞在日数）に、最適な料金（時価）で販売すること」です。航空会社から始まって、その後ホテルにも導入されたビジネス手法であり、その目的は「収益の最大化」です。

「需要の変化にかかわらず、常に同じ在庫数を維持・販売しなければならない、あるいは、本日（その時）販売できなかった在庫を翌日以降に販売し、収益を取り戻すことができない」。こうしたキャパシティビジネスに、レベニューマネジメントは適用されますので、ゴルフ場や客船の座席などにもその運用が拡大されています。

この「最大化」を目指すレベニューマネジメントの考え方を、個人のキャリアに当てはめて考えてみたいと思います。客室が一室しかないホテルと捉えてみるのです。

●最適な商品＝ご自身を総支配人という商品とするならば、知識やスキルは陳腐化しておらず、最新かつ価値の高い状態ですか。

●最適な顧客＝総支配人としてのあなたを買ってくれるのは誰ですか。オーナーなどのほか、あなたという商品を引き上げてくれるスポンサーとなる上司や同業者はいますか。

●最適な時期＝総支配人としての成熟度はいかがですか。時勢や環境を見回した上で、売り時はいつですか。

●最適な料金＝給与の額がすべてではありませんが、現状に満足していますか。金額以外の観点として、自身のさらなる成長が望めますか。存在意義や将来性を見込めますか。

音楽を楽しむスタイルは、レコードがCDに代わり、MDとなり、そしてダウンロードに変わりました。飛行機のチェックインも、スーパーのレジもセルフ化されました。つまり、新しいテクノロジーによって、それまで存在したものが駆逐され続けています。

かかわっている人の職もなくなっています。ホテルオペレーションにおいても同様です。今後、労働力不足と生産性向上の旗の下、多くの作業が自動化、ロボット化されます。これからのホテルスタッフの仕事は、ロボットやテクノロジーでは行なうことができない仕事に限定されていくでしょう。それを見つけられない人は退場を余儀なくされるでしょう。

そうならないためには、「余人をもって代えがたい存在になること」です。自分にしかできない〈何か〉を持つことです。例えば、「三つ以上の言語を操れるコンシェルジュ」であったり、「ソムリエの資格をもつ婚礼プランナー」であったりすれば、付加価値は高いですし、どこでも通用するスキルでしょう。

ただし、テクノロジーの進化が加速している今、考えるべきは、「あなたが今行なっている業務や職種は一〇年後にも存在しているだろうか」という問いです。次の時代を生き抜くためにも、今日から仕込みを始めましょう。

こうした考え方は、総支配人も同様です。総支配人だからといってうかうかしていられません。自分自身を最大化する努力を続けることです。

手足を縛られプールに放り込まれたらどうするか？

会社組織では、「部下は上司を選べない」というルールがあります。また、極端な話をすれば、「部下は上司の意向に、よほどのことがなければ逆らえない」のです。逆らえば上司からの覚えが悪くなり、結果、出世やその後の仕事に影響を及ぼす。だから忖度などが生まれるのです。

総支配人にも同じような「ジレンマ」が発生します。ホテルの現場ではヒエラルキーの頂点に立つ総支配人も、「オーナーやオーナー会社の意向に逆らえない」という現実と向き合わなければならないのです。

問題は、「総支配人はチームを率いており、ホテル運営に携わる者は総支配人を見ている。そこで〈オーナーの意向〉という理由で朝令暮改を繰り返す、〈自分は不本意だがオーナーがこう言っている〉など、子供の遣い的な説明や指示しか出せないとなると、総支配人失格です。

「金は出すけど、口は出さない」というオーナーはごく稀です。多くのオーナーは出資者として、金主としての意見や考えをホテルへ伝えます。定期的なオーナー会議（月次業績報告会）などで言われることもあれば、突然、天の声として降り注がれることもあります。「その声に従うか従わないかという選択肢」は、ほぼ与えらないのが現状です。

手足を縛られて、プールに放り込まれたら、あなたはどう生き延びますか。オーナーの現場介入度が高く、人事と購買の権限がないというような環境に置かれた総支配人は、まさにそのような状況なのです。手足を縛られてプールに放り込まれるわけですから、なんとか息継ぎをして泳ぎ切る体力（生命力）や技術が必要です。何もせず溺れ死ぬことを望む総支配人はいないでしょう。

そんな時、できることは「小さな成功の積み重ねによる信用貯金の蓄積と、人間力による対抗」です。オーナーも同じ人間です。一つひとつの地味で小さな活動で成功を積み重ね、信頼を勝ち得ていくのです。大成功を成し遂げることも信頼を得るひとつですが、小さな成功をコツコツ積み上げ、決めた約束を守ることによって信頼という貯蓄を増やしていくのです。

言い換えますと、これを「人間力」と呼びます。「彼（彼女）が言うのであれば間違いない」、あるいは「助けてあげよう」、などという気持ちの醸成により、オーナーは無意識に手足のロープを緩めてくれるのです。

また、関わりたいと思う方はいないと思いますが、業績悪化中はチャンスなのです。状況にもよりますが、それ以上、悪くなることはなく、アクション次第で良化するチャンスがあり、挽回の成果が分かり易いからです。

成果と結果という息継ぎをしながら少しずつ前進し、手足のロープが緩んで、可動域が広がり、泳ぎやすくなる。そして、見事二五メートル先の壁というゴールにタッチする。その暁には、総支配人としてのあなたの実力は格段に高まっているはずです。

OWNピークを探せ

私達は自分の人生を歩んでいます。比較の相手は他人ではなく、自分です。問題は、いつの自分と比較するかです。私のお勧めは「ＯＷＮピーク」です。すなわち、自分の絶頂期との比較です。

あなたのピークは、いつだったのでしょうか。眼をつむって頭の中で探るのもひとつ。また、横軸に年齢、縦軸に出来事を描いた自分史年表を見ながらピークを検証するのもひとつの方法です。小中学生時は低空飛行だったのが、高校入学と同時に最初のピークがきて、次は社会人三年目に次のピーク、そして結婚後に三回目のピークというような曲線を描く方もいるでしょう。または、直近がピークの人もいれば、大学入学時がピークだったという人もいるかもしれません。

勝負事と一緒で、ピークと思える時期には、なんらかの理由があるはずです。もちろん、ご縁や幸運に恵まれたということもあるでしょうが、それではなぜ、その時期にご縁や幸運に恵まれたのでしょう。あなたの気持ちがポジティブだったり、今より好奇心旺盛で行動力があったりしたのではないでしょうか。あるいは失敗を恐れず果敢に攻めの姿勢を貫いていたのではないでしょうか。

もしそうであれば、その時の情熱や勇気を思い出してほしいのです。他人、環境、時代や年齢のせいにするのは簡単です。しかし、それでは解決や反攻のきっかけにはなりません。

私がやっている考え方は、「今後、迎えるピークを自身最大のピークにする」です。人生を振り返ってみて、ピーク時期が明確になり、それと現状を比較すると、現状は、体力や記憶力、持久力などで衰えをみせているかもしれません。しかしながら、経験、学習、許容力などの増加によって失ったものや衰えたものを補いつつ、攻めの行動に転じることはできると思うのです。

比較できるピークが見当たらないという方は「As-is（現状／今のあなた）」と「To-be（理想／なりたいあなた）」を考えてください。まずは現状の自分と、持ち手の確認、そして「こうありたい」「こうなりたい」という自分なりの理想や目標を認識します。それがクリアになったら、現実と理想を照らし合わせ、その間にあるギャップを一つひとつ埋めていく手段を考えるのです。

「年を重ねただけで人は老いない。理想を失うときに初めて老いがくる」という名言がありま す。理想と行動力さえあれば今からでも人生最大のピークはつくれます。今のあなたは突然変異で出来上がったあなたではなく、この世に生を受けてから良いも悪いも含めてさまざまな経験をし、泣き、笑い、怒り、絶望し、戦ってきた結果としての現在のあなたです。明日は今日の延長です。今日を大事にし、考え、行動に移さない限り、前進はありません。「今が全てさ、いつだって」という心意気を持ちましょう。

疫病と共にVUCAが顕在化した今、過去と同じやり方、考え方は通用しません。しかしながら、今のあなたを急に違うあなたに変えることは難しいのです。「back-to-basics（基本にかえる）」で柔軟に対応しながら、あるべき姿に近づくべきだと思います。

スキルも当然大事ですが精神力や柔軟性、コミュニケーション力は不変であり、言葉（言語や伝える力）、数値、マーケティング、ITリテラシーは、あなたが持つべき武器であることには違いありません。

異種格闘技戦、バリトゥードゥ（ポルトガル語で「何でもあり」）の様相を見せるホテルビジネスですが、戦い抜く上では自分自身の進化が問われます。大事なのは、魂の問題です。ファイティングスピリッツをもち、ファイティングポーズをとれるか。やるのはあなたです。

明確なことは、今後の人生において「一番若いのは今である」と考えること。直ぐに取り組んでください。そして、OWNピークを目指してください。
※VUCA・・・V＝Volatility/変動性（激動）、U= Uncertainty/不確実性、C＝Complexity/複雑性、A＝Ambiguity/曖昧性（不透明）の頭文字をとった造語

プランB

総支配人であれば、あらゆることに対して「Plan B」を、つまり「代替案」を持つべきです。用意がないのは、脇が甘いと言わざるを得ません。

ビジネスにおいては、誰もが本筋の計画を企画し、実行します。これが正論です。しかしながら、世は不透明、不確実。一寸先は闇、何が起こるかわかりません。

結果を求められる総支配人は、言い訳は許されません。言い訳するにしても、無策だった結果なのか、それとも何らかの代替案や、緊急時のバックアップ案があったかで、総支配人としてのビジネスに対する姿勢が如実に分かります。

「Plan B」は、使わないに越したことはないですし、使うべき環境になるということはそれだけでイエロー、もしくはレッドライトが灯る危険信号ということですから、環境としては望ましくありません。しかし、たとえ使わなくても、「Plan B」を用意しておくことは非常に有効です。それを用意しておくことが精神的なゆとりを生むからです。

また、準備が無意味になる可能性が大きい「Plan B」を完璧に用意しておくことは、ビジネスマンとしての〈凄み〉になります。こうした準備や思考がある人は敵に回したくないと常々思うくらいです。

「Plan B」の準備は、総支配人自身にとっても必要です。ビジネスリーダーである総支配人は、業績が低迷しつづけると、最悪、責任という名の処分がくだされることがあるからです。

「ゴールデンパラシュート」というビジネス用語があります。買収される企業側が事前に退職金を含めた報酬などを規定し、買収にコストがかさむことを顕在化させる防御策です。そんな防衛策を施しても結果的に買収は実施されることが大半です。ですが、買収された後、ゴールデンパラシュートは別の意味を持つようになります。それは、幹部社員が裸で放り出されることを防ぎ、路頭に迷うことを防ぐことです。

何度も申し上げますが、混迷が深まる現代は何が起きても不思議ではありません。何か想定外の事態が降りかかった際、何の考えもなく、準備がない無策な状況では余りにもお粗末です。「Plan B」なり「脱出パラシュート」は、使わないことが前提です。しかし、キャリアや人生において背中を守ってくれる人は存在しません（厳密には家族なり、それぞれのコネクションなどはあると思いますが）。日々全力を尽くし、やりきり、結果を出す。しかしそれだけでは、機能しないことがあるのが人生。自分の背中は自分でも守るのです。

「Plan B」の設定にルールはありません。常日頃から自分を高める、結果を出し続ける、こまめに自身のスポンサーなどになり得る方とコンタクトしておく、一年間無職でも大丈夫な経済状態にしておく、人材エージェントに登録しておくなど、さまざまなものがあります。そうした脱出パラシュートは、個人としての立派な「Plan B」です。頭の中で想像するだけでなく、書面にし、万が一に備えてください。

箱から飛び出せ　茹でガエルになるな

「Think out of the box」という言葉をご存知でしょうか。「既成概念に囚われないで思考せよ」という意味です。直訳通りですと、「箱から飛び出し、創造的、独創的な発想を持て」ということですが、筆者自身もこの発想でひとつの大きな経験をしています。

二六歳のころ、ある件をきっかけに、「ホテルマネジメントには数値管理能力や数値を主体とした説明責任が伴う」ことを実感しました。それを感じた私は、海外のホテル勤務が終わると帰国し、会計事務所への転職を思いつきました。

時はバブル崩壊後、日本経済が低迷している頃でした。職探しはどの業界でも難しく、当時は「歳の数の面接に行っても受かるかどうか分からない」と脅かされました。また、私が卒業した大学の学部は法学部で、会計という分野は門外漢でした。

若さゆえの怖いもの知らずと、根拠のない自信だけで応募をし続け、文字通り、歳の数（二六カ所の会計事務所）の面接を受けました。結果は全く駄目でした。申し込んで面接に出向いたにもかかわらず門前払いされたこともありました。その当時の私は、会計の知識は皆無でしたので、それを補うべく夜間の簿記学校に通いながら就職活動を続けました。

歳の数の面接をした後は、面接を受け続けるモチベーションも下落し、経済的にも困窮しました。四〇回を超えると、諦めの境地と、自分がこの世に求められていないのではないかという錯覚に陥り、精神的に追い込まれました。

会計事務所への就職を諦めようという気持ちが日に日に強くなるころ、残された面接は三件となりました。私は、破れかぶれで、アピールする内容を大きく変更してみました。それまでは、簿記の資格を取得するために簿記学校に通っていることや、経理の知識はないがやる気はあることをアピールしていましたが、次のように変えました。

「会計事務所は製造業でないと思います。専門知識を持って顧客に寄り添い、困ったことを発見し、問題解決にあたるサービス業であるべきです。そうした考え方をしないとこの業界に未来はなく、良い人も集まらない。ところで、私はサービス業という意味ではプロ中のプロであるから雇わなければ損です」

こうぶち上げたのです。これがどうやら会計事務所の先生方の琴線に触れたらしく、その後に受けた三社の面接、そして色気を出してさらに追加で受けた面接では連戦連勝となりました。

それまでの約四〇件の面接で学んだのは、「会計事務所の会計士や税理士先生は、自分たちのことを製造業だと思っている」ということでした。大半の先生方は、企業の年度や月次の決算のために損益計算書などの財務三表を作成し、届けるという作業が仕事だと思っていたのです。つまり、「財務諸表を作るという製造業」だと認識していたのです。

これは、火事場の馬鹿力的な、やむにやまれぬ状態から生まれた発想でした。振り返って考えれば、単純に「弱みでなく強みをアピールした」というだけの話かもしれませんが、連戦連敗の時期にはそこに気づかず、また負い目と弱気で縛られていました。個人的には、これが最初の「Out of the box 思考」での成功体験となり、試練を突破し、その後に繫がる職と知識、そして「感覚」を得られました。

コロナ禍のホテル業界で、多く見られたサービスアパートメントへの客室販売戦略の転換や、ワーケションなども、やむにやまれぬ環境からブラッシュアップされ商品化された「Out of the box 思考」の典型事例です。

また参考例としては、ひとつのホテルの中にもう一つ違うコンセプトを持つホテルを併存させることや、「リゾートホテルのサービスをシティホテルで。シティホテルのサービスをリゾートで」ということも従来の枠にとらわれない発想です。特に後者は、ホテルですから当然、TPOが存在しますが、リゾート、シティの重要なサービスエッセンスはそのままに、それぞれの良い部分を反映させることを肝としています。リゾートであれば、滞在ゲストの大半はレジャー目的、リラックスを望まれています。そうした要望に応える環境はそのままに、時間に正確で折り目正しいサービスを提供することを取り入れたり、シティであれば出張や会議参加などのビジネス目的が多いでしょう。それに対応することは当然とし、元気な挨拶や笑顔など、少しでも明るく楽しい雰囲気を醸し出すことにより、ビジネスの緊張を和らげることをサービスコンセプトの一端とすれば、ほかと一線を画すことができます。

現状に甘んじ胡坐をかいている状態は、まさに茹でガエルの状態です。カエルは熱いお湯をかけると驚いて跳び上がりますが、常温の水から徐々に温度を上げていくと水温の上昇に気が付かず茹であがって死んでしまいます。

人間は誰もが楽な方、楽な方に逃げるという習性があります。総支配人も、日々に忙殺され、物事を考えなくなると、この茹でガエル状態になります。時には客観的に自分を追い込み、茹でカエルになるのを防ぐ必要があるのです。

紫色のバラ

私は以前に外資系メガチェーンホテルにて、日本とグアム地区の統括総支配人という役職を頂いたことがあります。そのポジションは新設であり、また日本人としては初めての就任です。着任にあたり外国人上司との引継ぎを兼ねて担当となる二〇ホテル、一三社のホテルオーナーに挨拶に出向きました。各ホテルの現状報告、今後の開発、運営、営業、マーケティング、財務、人事に関する要望などの話をしました。

挨拶周りの終盤で訪問したオーナー会社との面談で、こんな出来事がありました。無事に面談が終わり、帰り際にタクシーに乗ったあとのことです。同行の外国人上司がこう言いました。

「今夜中にAオーナーの手元に届くよう、紫色のバラの花束を手配してください」

実は、お会いした際のAオーナーは、紫をベースとした着物を召されていらっしゃったのです。紫色のバラ。これはショックでした。「会話のなかでお祝い事の話を聞き、紫色のバラを贈ることを考え、即座に手配をする」というこの上司の発想と行動力。一方の私は、紫色のバラを見たことがなかったため、探せるかどうか分からず、うろたえました。連日の面談での通訳も兼ねていたために、疲れもあって、軽くパニックに陥ってしまいました。果たして、上司の秘書の方に連絡し、紫色のバラを探してもらい、その夜には先方に難無く届けることができました。サプライズもあり、大変喜んでいただけたことは言うまでもありません。

各オーナーとのコミュニケーション力や、瞬時に繰り出されるさまざまな発想を目の当たりにし、すべての面談の終了後、私は正直に、「今回のポジションをあなたのように遂行できる自信がありません」と伝えました。すると上司はこう言いました。

「あなたはあなたのままでいい。私は自分のコピーが欲しいわけではなく、あなたのキャラクターやAttitude（姿勢）を買ったのです。だから、自分を無理に変える必要はなく、あなたはあなたらしく振舞えばいい」

私にとって「紫色のバラ」は、精神的なゲームチェンジャーの一つとして今でも心の中に咲いています。上司が言うように、無理に自分を変える必要はなく、自分らしくあればよい。ただし、重要なことは「そこに何かを加味し、人とは違ったバリューを出していくこと」であるということです。

オーナーもしくは、オーナー会社の代表者とお付き合いするのは、そう簡単ではありません。上司である元担当者と違うスタイルをどのように出すべきか。どうすれば上司を上回る提案や結果が出せるか。どのように貢献できるか。そして自分らしさとは何か……。そんな葛藤や自問自答が常にありました。しかし、今思えば、この時思い悩み、内省したことが、その後の自分の再構築に役立っています。

総支配人は、常に何らかのトランスフォーム（変換）を求められています。自分らしさという軸足をぶらさず、バージョンアップを常に続けることです。

ジャグリングができなくてはならない

総支配人の業務とは、それすなわち「ジャグリング」です。わかりやすく日本語で言うと「お手玉」です。複数のボールをひとつずつ空中に投げては落とさないようにぐるぐる回す芸です。複数の仕事を同時に回す「ジャグリング的な仕事」は苦手であり、極力「忙しい」日常は送りたくないという方は、残念ながら総支配人には向いていないでしょう。

総支配人の業務とジャグリングの違いは、回すボールが同一形でなく、形、大きさ、重さがすべて違うということです。ですので、大変な上に労苦も大きい。

フルサービスホテルの総支配人であれば、宿泊ボール、料飲ボール、営業・マーケティングボール、経理ボール、人事ボール、施設管理ボールなど、最低でも六球はジャグリングする必要があります。ときに営業部のボールがやけに重かったり、料飲部のボールが形を変えてレストラン、宴会などと二つに分かれるなどといった変化は日常茶飯事です。三六五日、同じ形状のボールを回すなどということはまずないのです。

なんとも厄介ではありますが、コツさえ掴めば回すことは可能です。本当のジャグリングの方法はYou Tubeなどで学べるのですが、ここではホテルの現場レベルで複数のボールを四六時中扱い、その上でさらに複数のボールを足し増され、こなす必要がある忙しい総支配人の身のこなしの話となります。


ポイントは必ず仕事に優先順位を付け、無駄を省くといった工夫と努力を施すことです。そして、そんな環境下でも余裕を失わないメンタリティこそがジャグリングをこなす上で総支配人が持ち合わせるべきものです。

こうした「ジャグリンができる人」には、さらに仕事が増えますが、どんなに忙しくなっても、回すコツが身についていますので仕事をこなします。この過程において、自身の容量や耐性が高まり、また成果に連動して、評価される機会も増えます。結果として覚えがめでたくなるという、ある意味、個人にとって黄金の成長時期ともいえます。

過重労働や、身体を壊してまでの長時間労働を美化したり、推奨したりするつもりはありません。ですが、与えられた仕事、なさねばならぬ難しい仕事を前にして立ち尽くしつつも、状況に対応して乗り切った人であれば、その後の自分の成長を実感したことがあるはずです。自分なりの仕事のスタイルや、仕事のさばき方は、こうした経験を経て身につくのです。

セルフプロデュースを忘れずに

総支配人は商品です。商品としての意識は、対ゲストや対スタッフとしての意識もさることながら、ホテル外に対しても大切です。

ホテル業界を盛り上げるためのひとつの鍵は、ホテルの頂点に立つホテル総支配人が魅力的な存在であると認識されることです。人を惹きつける力や、その役職でしかできないパワーを発揮すべきです。それにより昨今問題視されている人材の業界離れを防ぐ一助になります。

当然ですが、総支配人といえども、すべてが安泰で夢のような明日が待っているわけではありません。事情によっては異動や降格、雇用契約の打ち切り、また他ホテルへの転職もあります。また、組織に縛られないフリーランスのプロ総支配人という在り方もできます。総支配人は、誰にでもできる仕事ではありません。謙虚さは必要ですが、自信を持ち、控え目にならないセルフプロデュースをしてください。

総支配人は、商品である以上、アピアランス、言葉遣い、ふるまい、雰囲気など、トータルで判断されます。身なり、第一印象に多くの人が左右され、アピアランスが良い人が成功するデータは多数存在します。化粧も衣装もホテル総支配人としての芸のうちであり、その装いが人格を表すことにもなります。「ぼろは着ても心は錦」は通用しないと考えておくべきです。もちろん、外見ばかりを気にして中身が伴わなければ「絵に描いた餅」となります。ホテルがハードとソフトの両面で成り立っているのと同様に、総支配人も両面を整えるべきなのです。

また、自身が販売する商品（すなわち、あなたのことです）の価値や内容が分からなければ、どこに対して、どのようなアプローチで、いくらで売っていいか分かりません。まずは自分という商品の価値やスペックを客観的に知ることです。あなたは何者なのか。あなたが目指す姿は何なのか。あなたが大切にしている価値観は何か。そして、あなたはどのように後世に名を残すのか・・・。これらを常に自問自答し、己の確立と自身のＵＳＰ（Unique Selling Proposition）を明確にしてください。

ＵＳＰによる差別化ができたとしても、究極的には選んでもらい、買ってもらわなければ意味がないわけですから、これらを突き詰めマーケットに対し正しくアプローチすることです。ご自身の職務経歴書を常に更新し、日ごろの成果を記録しておくこと。現在ではＳＮＳにより自身が発信者としてのメディアとなり、多くにアピールすることも可能ですので、自己演出も必要に応じて実施する、すなわち自分をプロデュースすることも大事なスキルとなっています。

適者生存を意識せよ

コントロールできないものの代表格には、「天気」、「他人の考え方」、「過去」などがあります。これらをコントロールする、あるいは変えることはほぼ不可能です。ところが、できもしないのにコントロールしようとして失敗し、その跳ね返りとして自身の心情がネガティブな感情になってしまうということがあります。例えば、変わるべくもない会社のやり方などに対峙して徒労に終わり、ネガティブな気持ちになることがあります。私が言いたいのは、「できないことに注力するよりも、コントロールできるものに力を注いだ方が、生産的が上がる」ということです。

コントロールできるもの、それは自分です。「自身の考え方やモノの見方」、そして「現在と未来」です。考え方を少し変えただけで気分が楽になったり、物事がスムーズに動きだしたりした経験をお持ちの方もいると思います。また、視点を変えることにより、以前は見えなかったものがより鮮明に見えるようになった経験をお持ちの方もいるのではないでしょうか。すべては気の持ちようであり、内省と自問自答により自身をコントロールできるのです。総支配人として、自身でコントロールできる事象を見極め、時間と労力をかけるべきなのです。


コントロールできないものを認識することが大事なポイントなのですが、それを無視するのではなく、対処法を考えるべきでしょう。

過去に私が赴任したホテルでこんなことがありました。着任早々の総支配人挨拶で、私は、「コントロールできるものをしっかりと見極め、対応していこう」というような話をしました。その話につながるまでの前後の内容は割愛しますが、例として「コントロールできるものとできないもの」をそれぞれ挙げ、できないものの一部として「他人（含む上司）」を入れました。

その話をした翌日に退職者が出たのです。「総支配人（筆者）の話を聞いて目が覚めた」と伝えてきました。これまで直属の上司の方針や考えを理解しようと努め、また、さまざまな進言や提案もしてきたが、都度、否定されてきたとのこと。上司に寄り添うつもりで何度もトライしたが「上司（他人）はコントロールできず、変わらないということがはっきりした」ということで退職を決断したようでした。

赴任直後の話でしたので、それまでのいきさつや具体的な内容に踏み込むまでには至りませんでしたが、このようにコントロールできないことは現実社会にはごまんとあります。思考を柔軟に、幅広い視野をもって、現実や環境に適合すべく自分自身を変化させることも必要です。

「生物は、環境に最も適したものが生き残り、適していないものは滅びる」、適者生存という考えはビジネス社会にも適用されるのです。

I Love My Job!!

友人の総支配人がタイのバンコクのホテルへ赴任した最初の週末、筆者に次のようなメッセージを送ってくれました。

「今週水曜日に着任しました。そして最初の週末である今日（土曜日）、排水菅が破裂し、五フロアー（客室階）が水浸しとなり、その五分後には電気系統のショートにより火災発生、三〇〇室のゲストを避難誘導しました。I Love My Job！」

この文章を読んで、私は不謹慎にも思わず笑ってしまいました。そうです、これこそが総支配人ライフの一端なのです。総支配人はホテルのファイヤーファイター（火消し役）であり、ピンチの時や逆境の時こそ「燃える」、変な性分を持っています。二四時間、三六五日眠らないビジネスであるホテルには、日々さまざまな事が起こります。ホテルは「リハーサルのない劇場」です。彼の「I Love My Job」にはそのような要素も含め、「ひるまずに楽しむ」、「生きている喜びと苦しみ」が集約されていると感じました。

それ以来、私の中にも常に「I Love My Job」があり、職業を遂行する上で、この感覚はとても重要であり、職業冥利に尽きるとも感じています。

「愛がすべて」だとも思います。筆者は毎日のホテル巡回の際にはホテルの建物を撫でたり、さすったりしながら愛と感謝の言葉をつぶやきながら歩いています。たまにその姿をスタッフに見られて気味悪がられたりすることもありますが、不思議とこの「Love 注入巡回」をして以来、大きな事象には遭遇することはなくなりました。私は無宗教ですが、愛の効用は心から信じています。

総支配人として成功する要素のひとつ、それは「人心掌握力」です。リーダーは、人が付いてこないと成り立ちません。総支配人であることによるポジションパワーは限定的であることを知っておくべきです。持つべきものは「ヒューマンパワー（人間力）」です。人としての信頼の残高がその人の価値を決めます。「この総支配人のためなら…」と思ってもらえるスタッフが一〇名いれば天下をとれます。だからこそ、IQよりEQ、「感情」という人の気持ちを理解することを総支配人は肝に銘じるべきです。ゲストもスタッフも人間であり、それには広い意味での愛と感謝の気持ちを持ち続け、それを適切に表現することが大事です。人間力とはつまり他人を思いやる心と謙虚さなのです。

セルフモチベーターであるべき

「面白きこともなき世を面白く　すみなしものは心なりけり」

これは、「自分の心の持ちよう次第で、面白いことがない世でも面白く感じられるし、面白くすることもできる」ということを謳った一句です。

総支配人としての毎日は、責任という荷物を背負いながら、晴れの日ばかりでなく、時に雨の日を、時には獣道《けものみち》を歩くようなものです。そしてそこに不況があろうが、災害や疫病があろうが極論、関係ないのです。時代が変わっても時計の針は止まらず、またやり直しもさせてくれません。今、この瞬間、この時間はあなたにとってかけがえのない最重要なものなのです。

「You Only Live Once（YOLO）――人生は泣いても笑っても一回きり」

我々は外的要因があろうとなかろうと、自身を見失ってはいけません。「やっておけば良かった人生」と、「やっておいて良かった人生」は、文字にすると小さな違いですが、一回きりの人生の質においては雲泥の差があります。自分一人を満足させられないようであれば他人を満足させることなどは無理でしょう。

また、行動し、経験を重ねる。これこそがすべてです。頭でっかちにならず、怖がらず、足を前に一歩踏み出すことです。

人生を面白くするのは、あなた自身しかありません。誰かが、ましてや会社があなたの人生を面白がらせたりはしてくれません。自分で探し、感じるものです。

総支配人の仕事のひとつは、スタッフの気持ちに火をつけ、モチベーションを高めることですが、問題は「総支配人のモチベーションは、誰が上げてくれるのか」ということです。

答えは、自分自身です。総支配人はセルフモチベーターであることです。家族も友人も、総支配人としてのあなたの苦労を本当の意味で理解する人はいません。担ぐ荷物は重く、自身のアイディアは枯渇し、酷い疲れを感じることもあります。時に、こうした疲れや消耗感が自分を襲います。総支配人は、それを知っておくべきです。

大切なことは、「疲れたら休む」のでなく、疲れる前に、あらかじめ「計画的に休暇をとる」ことです。休むことは仕事の一部です。仕事だと思って適度な休みをとることです。

また、人間であればスランプに陥ることもあります。スランプから抜け出る方法も事前に構築しておくことです。「趣味に打ち込む」、「非日常に身をおく」、「睡眠と水分を十分にとる」など、疲労や体調不良、そしてストレスから自身を守るやりかたはいくつかあります。

認識しておくべきは、「総支配人の身体はあなただけのものでなく、ホテルの公器である」ことです。フランスの哲学者「エミール＝オーギュスト・シャルティエ」は、『幸福論』のなかで「悲観主義は気分に属し、楽観主義は意志に属する」という言葉を残しています。自身の意志により良い意味の楽観性をキープし、ホテルとスタッフにエネルギーを与えられる情熱溢れる総支配人としての姿勢を貫けるよう、心身ともに健全であるよう努めてください。

第二章　クールヘッド

ホテル総支配人に必要な「ウォームハート」と「クールヘッド」。本章では「クールヘッド」の要素を伝えます。

総支配人のバージョンアップは投資の手法で

誤解を恐れずに言えば、総支配人になるのは簡単です。しかし、続けるのは大変です。総支配人は就任してからが本当の勝負。変化の激しい時代、プロのホテル運営者として、日々の研鑽が必要です。つまり「自己への投資」ですが、これは、どのような環境、どんな状態になっても止めてはいけません。ここでは「投資の手法」を用いて自己研鑽の方法を考えていきたいと思います。

分散投資こそが最強

投資の世界に、「卵を一つの籠に盛るな」という言い回しがあります。複数の卵を一つの籠に盛ってしまうと、なにかの拍子で籠がひっくり返った際に、卵が全部割れてしまい、すべてを失ってしまう。卵を全滅させないために、一つではなく複数の籠に分散して盛ることが大事という、投資の鉄則です。

　投資の世界では、一つの商品、例えば株だけに投資をし、なんらかの理由で大暴落があると、株券がただの紙切れになります。それを防ぐために、同じ株式でも国内株と海外株に分ける、外貨預金（これもドルとユーロに分ける）、債券、純金などの複数の投資商品に分散してリスクを軽減するのです。

　ホテリエのキャリアの世界でも、以前はスキルの一点買いで通用しました。例えば、サービス技能や営業力に特化してスキルを磨くことで、それを基盤に総支配人として活躍できることもありました。誰にも負けないスキルや知識は今なお必要とされていますが、現在は、単体ではなく複数所持する必要があるのです。


　近年、一部上場企業では、経営陣の紹介にあたり各々の「スキルマトリックス」を公表しています。企業経営・事業戦略、財務・会計、人在育成、コンプライアンス・リスクマネジメント、技術革新・DX、ESG経営、グローバルビジネスなどの項目に対して、各経営陣（取締役）が持つ、経験や専門性を可視化し、株主に明示しています。

　ホテル運営のプロである総支配人も同様です。ひとつの分野に長け、誰にも負けないことは素晴らしいことですが、いまの時代は最低三つの秀でる分野が必要でしょう。

時間を味方につける

投資では「積み立て」が有効な手段と考えられています。ドル・コスト平均法と呼ばれる方法がありますが、これは自分で決めたタイミング、そして数量を購入することにより、日々起こる為替の変動や株価の高低などのばらつきを平均化し、取得コストの変動を抑えて、販売時の安定したリターンを得るのです。積み立ては時間を要しますが、長期運用によって配当金も確保しながら安定的に利益を得られる確立が高まるのです。

キャリアデザインも同様です。配当金や利息などは付きませんが、総支配人のバージョンを上げるためには時間がかかり、長期的視点に立って計画・実行すべきです。

語学取得などはその最たるものです。今後の国内労働人口の減少を考えると、日本人以外のスタッフの採用はマストとなり、また増え続けるインバウンドについてはゲスト対応で英語を中心とした語学力は、以前とは比較にならないほど必要になります。

ひとつの事をマスターするには一万時間が必要と言われています。一日三時間を使った場合で一〇年です。取り組み方にもよりますが長い目で見た場合の運用により一〇年後にはそのエリアではかなりのエキスパートになれる可能性は十分にあります。

ポイントは何か。それはすぐに始めることです。「思い立ったら即始める」が秘訣です。

余剰資金を利用する

「損失が出たとしても生活を脅かすものではない程度で行なうべし」

これは、投資を行なうにあたっての先人達の経験則です。全財産をつぎ込むことや、利用用途が決まっている生活資金、学費の類を投資につぎ込むのはリスクが高すぎます。中長期を踏まえた上で、すぐに使う必要のない資金を運用するのが鉄則です。金銭的な余裕、心の余裕がないと物事はうまくいきません。

筆者は以前、会計事務所に勤務していたことがありました。そこでは三〇社程度の企業の決算や経営相談などに携わっていました。当時はバブル経済が破綻し、その後に続く日本経済の低迷期でした。

興味深かったことがあります。それは、不景気の時期でしたが、すべての会社が倒産や業績不振に陥ったわけでなく、ビジネス的には好調な会社も多くあったということです。厳しい経済環境下でも良い結果が出ている複数の社長に理由を尋ねたところ、全員がほぼ同じ回答だったのです。

それは「良い状況（この時はバブル時）のなかで、余計なこと（土地転がしや無謀な株式投資など）には手を出さず、次にやるべきことに手を付け始めた、準備を始めていた」ということです。一方で、倒産などの憂き目にあった社長にも話を聞きましたが、こちらも全員が同じ行動パターンでした。それは、「悪くなってから動いた」ということです。そして一様に言われていたのが、悪くなってからの行動では遅く、挽回への労力はとてつもないエネルギーが必要だということです。

良い状態のうちに、いかに仕込みを始めるかです。すなわち余剰、気持ちに余裕があるうちに次を見据えた行動ができるかが成否を分けるポイントなのです。

良い状態というのは、決して人生やキャリアでの「黄金の状態」を指しているわけではありません。現職があり、健康であればそれは「良い状態」と認識し、次を意識することです。それが最終的にはバージョンアップにつながります。

「投資にフリーランチはない」という有名な格言があります。「この世にただのものはない」ということです。投資で成功するには何等かの負担が避けられないのです。

総支配人のバージョンアップも同じです。「ノーペイン・ノーゲイン」。「傷みなくして得るものなし、苦労なくして利益なし」です。自身を補強する分散的な要素の選択と、獲得にあたっての時間やコストを検討し、早いタイミングで余裕をもって行動を起こしてください。

決断を早く

リーダーである総支配人の役割を一つだけ挙げろと言われたら、私は「決断すること」と答えます。判断し、決断し、その責任を負うのが総支配人です。

総支配人には、毎日、大小の課題、質問、相談が持ち込まれます。判断材料が揃わなくても瞬間的に判断する必要に迫られることもあります。時間をかけ、データや前例などを考慮したうえでの判断ならだれでもできるのです。判断材料が揃わない状態でも判断・決断することが総支配人の仕事なのです。現場では、ゲストやスタッフが、〈今〉を動かしていて、止まることはないのですから。

周囲の意見に耳を傾けることは重要です。しかし、決断において総支配人は常に孤独です。言い訳もできなければ、いたずらに時間を遅らせることも得策ではありません。「仮説を立てる。感覚や経験だけに頼らない自分なりのフィルター（検討するポイント）を持つ」などを駆使し、最適解を導き出すことです。

学校のテストとは違い、社会には「正解」などはありません。正解があるような決断は総支配人でなくともできるのです。実際にやってみないと分からないことだらけです。解答がないところに最適解を見つけ出し、決断するのです（その場で「決断をしない」という決断もあります)。

決断フィルターを先に部下に伝えておくこともマネジメントでは重要です。お金、時間、リスクといった、フィルターを与えておくのです。その事案を実行するためには、お金はいくらかかるのか、予算的には準備されているのか。どの程度の時間を要するのか、その時間を捻出することは可能か、既に決まっているイベントなどとはバッティングしないのか。その事案を実行した場合としない場合のリスクは何なのか。

こうしたフィルターを事前に知らしめることにより、自身の決断の時間を節約でき、決断のスピードが上がるのです(「撤退の基準」や「やらないこと」というフィルターを決めておくことも意義があります)。

想像力がすべて

「ホスピタリティ」と書いて、「想像力」と読みます。「サービス」が、「いつでも、どこでも、皆に、均一に」提供するものであるのに対し、「ホスピタリティ」は、「この瞬間、この場で、この人のためだけに」提供するものです。

「サービスは重要でなく、ホスピタリティこそが重要である」という話ではありません。ホテルにおいては、車の両輪のように、どちらも必要な要素です。サービスはマニュアル化し易く、ホスピタリティは人やシチュエーションによって形や提供方法が変わります。よって、難しくもあり、担当者の想像力が重要となります。

思いやりの心を持つ人が集まるホテル業界ですが、実は残念ながらホテル業界人は、この部分、つまり「想像力」が弱い人が多いです。理由は、マニュアル通りに行なうことに慣れてしまっていることや、権限移譲がされていないということです。やりたくてもできない、あるいは経験がないのでどうしていいかわからないのです。断言できることは、「サービスはいずれＡＩやロボットに取って代わられ、想像力という感性を必要とするホスピタリティが益々必要になってくる」ということです。

もうひとつ、ホテル業界人にありがちな行動特性は、「事象が起きてからのリアクション（リアクティブ）は得意だが、プロアクティブな、「受け身でなく、一歩前、一足先に動くこと」が苦手ということです。これは想像力の欠如の象徴のような特性です。

総支配人の要件の一つは、プロアクティブに動き、問題を未然に防ぐこと。そして、もし問題が発生したとしても、原因を特定し、具体的な解決策を探し、チームをリードすることです。

問題発見、問題解決は総支配人のお家芸であり、いかに早く問題に気づき、対応するかで、怪我の仕方も違います。

サッカーやラグビー、バスケットなどの球技で優位に立てるかの分かれ目は、こぼれ球を奪えるかどうかです。敵味方がボール獲得を争った次にこぼれ出るボールを自チームのものにできるかどうかが勝敗を左右します。ボールを獲得すれば占有時間が長くなり、攻撃側になれるため、得点=勝利に近くなるからです。そのためには、争った際の態勢、スピード、衝撃などを瞬時に分析し、次にどの方向にボールが出るかを予測する。その想像力が不可欠なのです。

想像力の鍛え方はあります。「社長のように考え、振る舞う」ことです。社長の立場や考え方をイメージし、仮説と検証をする。これを実践で鍛えることです。そのポジションに立たないと見えない景色というのは存在しますが、それすらも想像し、自らの頭と視点で物事を判断する力を鍛えるのです。

「経験したことのない出来事に出遭うと、身体も思考も固まる」。こうしたフリーズ状態になるスタッフは、どのホテルも相当数います。しかし、総支配人がこのような際に適切な行動がとれないとなると、そのホテルはあらゆる点でリスクをはらみます。想像力を発揮し、前倒しに、一足先に動くプロアクティブなマインドを持つことです。

監督・脚本・出演そしてプロデューサー

総支配人の役割は、役者（ホテルスタッフ）がいて、脚本（サービススタンダードやＳＯＰ）をもとに全体の構成や指揮をとる「監督」に例えられることが多いです。そして、昨今では、監督という単職から、さらに多くの役割を求められています。

その理由のひとつは、ビジネスが複雑になり、より高度な知識やアイデア、経験値などが必要になってきたことです。また、日本のホテル業界においては、そうしたプロフェッショナル人材が、質・量ともに減少しているからです。

例えば、組織には「鬼軍曹役」と「なだめ役」の役割があります。昔ならば「鬼軍曹役」を総支配人が演じ、「なだめ役」を副総支配人が演じることができました。ところが、規模が大きい一部のホテルを除き、現在では多くのホテルで副総支配人を配置できません。経済的にも実質的にも（つまり人材がいないという問題で）難しいということが理由です。よって、総支配人が一人二役を使い分けることが必要です。

このように、以前とは違う環境になっているのです。過去のＳＯＰ（Standard Operating Procedures」の略語、標準作業手順書）や、マネジメントスタイルの書き換えや刷新が必要なのです。まさにシナリオの練り直しが必要です。

これはセールス活動も同様で、営業戦略というシナリオも「売れるシナリオ」への書き換えが必要となります。


また総支配人は、ショー（つまり、ホテル現場）への参加も当然求められます。

従前どおり、「ホテルの顔」としての主演も必要ですが、むしろ「名脇役」としての出演が求められます。社会や経済状況がどのように変化しようと変わらないのは一つ。「答えは現場にある」とうことです。主演でなく、そこはポテンシャルが高いスタッフに任せ、自身は現場を一歩引いて俯瞰する。主演という花はスタッフに持たせてあげるのです。でも、終わってみると「総支配人のお蔭で致命的な問題は免れた」、といったシナリオのほうが今の環境にはマッチしていると思います。

災害、障害など、ホテルに発生する緊急的な事案についても同様です。客観かつ合理的な「演技（視点と判断）」により、主役を食わない名脇役を演じてください。発生するトラブルや諸問題は、ホテルやスタッフを強くする砥石のようなものですから、恐れずに立ち向かう姿勢やチームワークを醸成する機会です。

プロデューサーとしての役割も今後、総支配人に求められます。元々、総支配人にはスポンサーと言えるオーナー（オーナー会社）との関係性を構築し、運営のために必要な予算を確保し、人材の採用をしていく役割がありました。そのなかで特に、人手不足、人材難は「今、そこにある危機」であり、人繰りへの積極的関与、自身のコネクションなどによる人集めなどはビジネスそのものに影響を及ぼします。ここはプロデューサーとしての「腕の見せ所」になります。

プロデューサーは、結果責任を伴う役割です。総支配人も、ヒットさせ、利益を得たら、インセンティブ（報奨）を得てもいいとも思います。大変で苦しいだけの総支配人職だけでなく、経済的な恩恵を求めるモチベーション、仕組みも必要です。

このように、総支配人には多くの役割があり、それを担うためのスキルや能力が求められます。引き出しを増やす努力を怠ってはいけません。ビジネス以外でも歴史、音楽、スポーツ、芸術、時事問題などにも関心を持つことです。それらが総支配人の仕事に役立つのです。高い目線を維持するために、更なる高みを目指して行動する。すると、目線はちょうど通常の高さになるのです。

富国強兵こそ鉄則

ウィキペディアによると、富国強兵とは「中国の古典に由来し、幕末から明治にかけて欧米列強と対等に肩を並べ、日本が近代化を目指したスローガン」だそうです。

筆者は戦争賛成派ではなく、武力の行使はおろか、暴力を擁護するものでもありませんが、この「富国強兵」という言葉は、ホテルの総支配人も強く意識すべき指針だと考えています。総支配人はホテルという一国一城の主であり、自らのホテルを繁栄させるために、チームを強くしなければならないからです。

「ゲストサービスに強い」、「語学に強い」、「分析に強い」など、個々人やチームが強ければ強いほど、ホテルは富みます。売上や利益もおのずと上がっていくのです。

ラグジュアリーホテルのゲストでなくとも、多くのゲストはホテル利用経験も豊富で、色々なことを知っています。その上に期待値も高い。そうしたゲストの要望に応え、対等に対峙するには、スタッフもサービス力のみならず理論武装をし、強くなくてはなりません。

サービスプロフィットチェーンと呼ばれる理論があります。これは「スタッフが幸せならゲストを幸せにし、ゲストが幸せならホテルにお金を落とし、利益を得られ、オーナーや株主などの投資家も幸せ、ひいては総支配人も幸せになる」という理論です。

ポイントは、このチェーンの起点が〈スタッフ〉であるということです。「幸せなスタッフ」と申し上げましたが、幸せなだけではこと足りず、「強い」ということが必要です。強いスタッフがゲストに満足いくサーボスやホスピタリティを提供し、それによりプロフィットチェーンが繋がっていくのです。強いホテリエが存在し、結果として強い（経済的にも評判としても）ホテルを創り上げるのです。

この理論は、利益やオーナー満足のためだけにあるわけではありません。総支配人を含めたホテリエ一人ひとりが富国強兵であることによって、個人として経済的な便益を確保し、自らを向上させ、人に対する優しさという余裕が生まれ、より成熟した総支配人、ホテリエとして活動ができるのです。

強くあるために、自分はどうあるべきか。「私利ではなく、利他の精神で誰かのために行動する」という、ホテルで働く誰もが持つ長所は、ホテルパーソンとしては重要な思考ですが、この混沌とした世界では、「自分のために、やるべきことをやる」ことこそが、廻り巡って周囲を良くし、満足感を得られることになるのです。自分が強くあってこそ、初めて周囲をよくすることができるのです。

モルディブの海では、誰がやっても同じ

私の最初の職業は、スキューバダイビングのインストラクターでした。初級ライセンスはグアムで取得しましたが、それ以降、中級、上級そしてセミプロの期間は、日本の伊豆を中心に

潜っていました。そしてインストラクターを職業とし、最初に赴任したのがインド洋のモルディブ共和国でした（ちなみに「世界の7つの海」とは、南北の太平洋、南北の大西洋、そしてインド洋、南極海と北極海を指します。私は仕事と遊びを通して五つの海に潜りましたが、そのなかでもモルディブは、群れをなして泳ぐ魚の姿の濃さでは三本の指に入ります）。

誤解を恐れずにいえば、インストラクターとしてモルディブで仕事をするのは非常に楽でした。なぜならば、世界屈指の海、ダイバー憧れのダイビングポイントがあるからです。大物といわれる大型魚や、エイなどとも頻繁に遭遇しますので、それだけダイナミックで楽しいダイビングになります。安全の確保にさえ努めれば、お客さま満足の獲得はいたって容易でした。

一方、日本、特に伊豆などは、魚の種類が少ないこともさることながら、透明度（海中で見える視界のこと）が良くなく、夏場などは通称「味噌汁」と呼ばれ、ひどい時は一メートル先も見えないくらいです。こうした環境下で仕事をしていたある日、先輩インストラクターからこんなことを言われました。

「海外の素晴らしい海でお客さまを喜ばすのは当たり前。伊豆でどこまでお客さまの満足を勝ち得ることができるか。これが上手なインストラクターと下手なインストラクターの分かれ目。上手ければ伊豆の海でも十分、お客さまを喜ばすことができる。海という素材では負けても、トータルサービスで勝つことができるのが本物のインストラクターだ」

総支配人も同じなのです。例えば、立地が悪いホテルや、改修やリノベーションにお金をかけられないホテルがあります。環境が悪いホテルや、ハードの部分で見劣りするホテルです。そんなホテルにおいて、どのようにゲストの満足度を上げるのか。そこが総支配人の腕の見せどころです。ソフト面（サービスやアイデア）でいかに満足度を上げることができるか。それこそ、オペレーションの力であり、その手法を掴めば、あらゆるホテルで戦うことができるのです。

難しい環境でのマネジメントは、総支配人の本質的な経験になります。そして、そこで行なう不断の行動は必ず後々生きてきます。ホテルは開業以降ある程度の年数が過ぎると運営体制が安定し、よほどのことがない限り大崩れはしません。それでも、上手い総支配人が運営するホテルと、そうでない総支配人が運営するホテルでは差がつきます。上手い総支配人になるためには、一度、難しいホテルを請け負うと良いでしょう。どんなに劣悪な環境でも、与えられた場所で満開の花を咲かせることができるかどうか、これが経営者や総支配人の能力なのです。

だまされるな

総支配人のもとには報告、相談、決裁など、日々、複数の案件が持ち込まれます。案件そのものは玉石混淆で、すぐに意思決定できる事案や検討に時間を要する事案があります。または、そもそも内容に中身がないものなどもあります。

典型的な例があります。総支配人の決裁を求めてスタッフから資料提出や口頭による説明がありますが、そうしたなかに、間違いが混じっていることが往々にしてあるのです。総支配人をだまそうとするスタッフはいませんが、無知や知識不足から、確認不足や不十分な資料により、意図しない嘘や間違った情報を提供してくるのです。どれも悪気はなく、持ち込む本人は「確認し尽している」と錯覚していますが、確認を取るべき事項のピントがずれていることが原因で発生してしまう間違いです。こうした間違った情報によって、総支配人が踊らされてしまうことが往々にしてあり得るのです。総支配人は騙されてはいけません。常に疑問をもち、ダブルチェックをすることです。

エクセルファイルなどで、自動計算が紐づいてないことによる計算間違いなども多いです。日頃から検算するよう指導することです。

また次に多いパターンとしては、古い情報や報告者個人の思い込みなどによるミスリードが挙げられます。「〇〇〇〇だと思っていた」「誰々がそう言っていた」などという主観的なものや、根拠のない報告は慎ませ、客観的な事実のみを報告させ、信頼性を担保する習慣を身につけさせて下さい。ひいてはそれが総支配人自身を守ります。仮に、部下が持ち込んだ間違った資料を鵜呑みにし、それをベースに判断した後、結果が悪かったとしたら、それは総支配人の責任です。部下の不手際を理由に言い訳をすることはできません。

また総支配人も人間ですから、集中力が落ちることもあります。決断を必要とするものは一日の終わりの時間帯は避けましょう。自身の頭脳がクリアで、多少なりとも時間的な余裕を持てる午前中などに行なうとよいでしょう。

ビジネス上の大切な書類に「契約書」があります。契約書が総支配人に持ち込まれるのは、法務や総務などのレビューを経てからが理想ですが、組織的にできない小規模のホテルもあると思います。総支配人はホテルの最後の砦として契約の内容理解のほかに、各種条件について疑った目でチェックしてみてください。

確認が最低限必要な項目としては、①契約期間の長短、②契約金額や単価、数量が適切か、③支払い条件、④補償や保険の体制（保険証書のコピー取得と保険金額の確認）、⑤ホテルへの告知義務（ホテル名などの勝手な利用を避ける）、⑥契約解除条件、となります。

求められることは、事実を見極めること、客観的な数値を引用すること、法律や規制への準拠などのフィルターを通して整合性をとることです。

フルコピーからはじめよう

自分の成長のために行なうものとして、コストがかからず、時間もそう多くは要しない効果的な方法は何でしょう。答えは「尊敬する方、参考になる方、理想にしたい方の真似をすること」です。つまり、コピーをすることです。

私はスキューバダイビングのインストラクターになる前、三人のインストラクターのアシスタントをしていました。その際、それぞれの個性を観察、分析し、自分がインストラクターになる際のヒントを得ていました。ラッキーだったのは、三人それぞれ違った個性の持ち主で、真似できる点とできない点、好きになれる点と好きになれない点があったことです。自分に取り入れたい部分、そして、「お客さんに気に入られる接客」に注目し、コピーに励みました。

ダイビングでは初心者ライセンスを取得するにあたり、プールと海洋実習がありますが、その前に教室での座学があります。座学講義を私が担当している際、何度か、「お前の講義はインストラクターAと同じだ。Aが講義しているのかと思った」と笑われたことがあります。

　こうした完全コピーを経て、自分なりに三人のインストラクターの長短所を消化し、自分の個性を加味した上で、福永インストラクターになりました。若気の至りの思いですが、「教え方と楽しませ方では、世界最強のインストラクター」だと自負していました。

　これと同じ考えを私は今でもしています。ホテリエとしてこれまで仕えた上司、ホテル運営会社の社長などは素晴らしい方が多く、徹底的にいいところを真似ています。

　ただし、理解しておくべきは、コピーをしただけでは、コピー対象とした方以上にはなれないということです。オリジナリティの構築にあたり、「守・破・離」の考え方が必要です。ご存知の方も多いと思いますが、「守・破・離」は、芸事の発展や進化のプロセスの考えです。師匠から学ぶ型を徹底的に「守り」、その後、他流派などを参考に、より自分にあったものを研究し、取り入れることにより既存の型を「破り」、更に鍛錬や研鑽に励んで、独自の新しいものを生み出し、既存の型から「離れ」、新しいオリジナルの型を作っていくという熟練のプロセスです。

「あなたは完璧ですか」という問いに「はい」と答えられる方は、相当な自信家か傲慢な方のどちらかです。「自分以外は皆、師」という考え方もあります。誰からでもいいところを吸収する心構えが必要です。まずは良いところを見極め、真似てみる。判断に迷う際などに、「この人だったらどうするか」を自問自答してみるのです。とにかく言動や考え方を真似る、「コピる」のです。そしてそれを利用してみる。そこから見えてくるフィードバックや反応を体感してみます。許される範囲、致命傷にならない失敗は大歓迎です。意図をもって試してください。その上で、自分に合うものは取り入れ、合わないものは捨てる。あとは総支配人としての自身の在り方を模索し、自分らしいオリジナルの在り方を構築していくのです。

コピーする対象は、先輩や上司、友人といった実在の人物が理想ですが、該当者がいないようであれば、本や映画などの登場人物にそれを求めても構いません。映画「プリティウーマン」をご覧になったことがある方も多いと思います。ヘクター・エリゾンド演じるバーニー・トンプソン総支配人が、この大ヒット映画のストーリーを際立たせるキーパーソンになっています。観察眼、気配り、そして顧客に対するサービス精神などが見事です。見習うべき点が多いです。

エレベータートーク

オーナーをホテル一階のフロントでお迎えし、上階の会議室に移動するためにエレベーターに乗り合わせる。その数十秒間でホテルの現状の課題と対策を説明する。これをエレベータートークといいます。偉い人ほど、忙しいのです。その忙しいなかをかいくぐって、短い時間で実のある話をします。これができなければ総支配人失格です。

理由は二つあります。一つは、「常に問題意識を持ち、ホテルとしての課題を考えているかどうか」。二つ目は、「要点を整理し、シンプルに事象と解決策を伝えられるか」です。この二つの要素がなければ、務まらないからです。

エレベータートークはテクニックです。テクニックですので、トレーニングによってできるようになります。訓練は独りでもできます。ストップウォッチを用いて三〇秒程度で言い終えられるようにしてください。とにかく、エレベーターを降りる時に「事柄は分かった。進めて下さい」と言わせるのです。

短時間で完結に伝えるための有効な方法は、やはり「ケツサキ」です。まず結論を先に伝えることです。私自身もそうでしたが「ケツサキ」説明ができない人は多いです。どうしても事象の説明から入る癖がついているからです。事象の話をしだすと、その説明だけで多くの時間を要し、話の途中で相手から質問されてしまいます。それでは話が尻切れトンボになり、エレベータートークは成立しません。「後日、再説明しなさい」などと指示される憂き目に遭います。

もちろんエレベータートークで、今後の議題や相談事についての「頭出し」をするということもあります。それをどの程度まで話題に織り交ぜるかは総支配人としての匙加減です。

また、短時間で話をまとめる際、「数値を使う」も有効です。客観性の高い数値の威力は短い時間であればあるほど有効度が増します。

筆者自身も、会うたびにあるオーナーからは「課題は何ですか」と訊かれました。その際には、まさにエレベータートークの要領で対応しました。「課題は何ですか」。この質問は簡潔ですが、本質を突く、含蓄のある問いだと思っています。「ビジネスマンとして常に問題意識を持っているか」の試金石ともなります。

ホテルビジネスを行なう上で、課題がない一〇〇点満点の状況などあり得ません。大なり小なり課題はあるのが現実社会です。「ケツサキ」と「数値」を上手に用いて、簡潔に会話する。この技術を磨いてください。必ずや、あなたの評価が上がります。

コネクションは己を助ける

当然ながら、総支配人には人脈が必要です。ただ、無闇に名刺交換して名刺を増やすだけでは、価値を生む人脈作りにはなりません。問題は、どのような人脈を築くかです。

総支配人として持っておきたい人脈には、「同業」、「外部の士業」、「営業関連」という三つがあります。

「同業」はライバル、競合といった関係でもありますが、同じ総支配人というポジションで、喜びや苦しみなどを理解しあえる大切なコネクションです。ホテル内部のこと、人事的なこと、業界内のニュースなど、話し出すと切りがないくらいです。こうしたさまざまなことを話し合え、共有できる仲間のような存在は心強い。時には愚痴を言い合うこともあるでしょう。人間ですから、このようなコミュニケーションも必要なのです。

「外部の士業」には、弁護士、会計士、社会保険労務士、そして士の字は違いますが医師がいます。それぞれ、ホテル内で起こり得る運営上のトラブルのほか、損害賠償や契約関連であれば弁護士に、そして経理処理や税金、融資を含めたキャッシュフローの算段は会計士に、そして従業員の労務管理全般には社会保険労務士と、内容に合わせて忌憚のない相談相手がいることは、総支配人の心理的負担の軽減になりますし、最終的にはホテルそのものを守ってくれることにつながります。

最後の「営業関連」は、幅広いタイプがあります。ポテンシャルある将来的なクライアント候補から、ＯＴＡ、旅行会社など、セールス活動の味方になってくれる方などです。また、メディアとの関係もさまざまな形でホテルに影響を及ぼします。メディアとの関係性は注意が必要ですが、反面、良い関係を築ければ鬼に金棒的な存在となります。

もちろんこの三つにかかわらず、公私、社内外、業種業界を越えた幅広い人脈があるにこしたことはありません。構築のために労力と時間を割き、大いに広めることも必要です。どのようなコネクションがご自身に、そしてホテルやビジネスに良い影響を与えるかなどは誰にも分らず、そうした意味では顔を売ることは必要です。ただし、限られた時間のなかで日和見的な行動は余り勧められるものではありません。

ビジネス視点で考えると、良好な関係を続けるためには「ギブ・アンド・テイク」が基本です。利己的なだけでは良い関係の構築などは夢のまた夢です。時には「ギブ・アンド・ギブ」をすることも必要でしょう。ただし、「いい人」で終わってしまうこともありますので、バランス感覚をもって行動することです。

上司とのコネクション構築も重要です。上司コントロールは日系ホテル、外資系ホテル、どちらにも必要なことです。「ごますり」的な言動を嫌悪する人も多いでしょうが、世界中、どこにでも存在するのは「〈ごますり〉という名のボスのコントロール」です。さらに、独立自営の方であれば、投資家などが上司になりますし、拡大解釈すれば、お得意さまやお客さまも上司となります。

必要なのは「マメであること」。人間関係構築に近道はなく、面談回数を重ね信頼を築き、腹を割って接すること。総支配人としては、「SNS上での繋がりが何人いるか」といった人脈ではなく、ビジネスパートナーとして付き合えるコネクションを築くことが肝心なのです。

プレゼンテーション力を味方にする

総支配人になると増えるものの一つが宴席、ミーティングなどにおける挨拶や講話などです。こうしたプレゼンテーションの機会が数多くやってきます。また、部下に対して、ホテルの理念や自分の信条、戦略といったことを伝えるのも、プレゼンテーションです。

人は誰しも人前で話すことが不慣れな場合は緊張します。しかし、スポーツと同じで、練習し場数を踏めば自然と巧くなるものです。

プレゼンテーションには、いくつかのコツがあります。私が心掛けていることを簡単に紹介しましょう。

①アイスブレーク（その名の通り「氷を溶かす」、聴衆をリラックスさせる、いわゆる「つかみ」です）から始める。

②起承転結と喜怒哀楽を盛り込む。

③ＰＲＥＰ法（Ｐ(Point) 結論や主張、Ｒ(Reason) 理由、Ｅ(Example) 例、Ｐ(Point) 結論や主張）の順番で語る

④パワーポイントを用いる場合は、スクリーンではなく聴衆側を向く。

⑤投影する資料は、長い文言ではなく、ワンセンテンスで伝える。

⑥数値やグラフ、写真や映像を用いる。

メラビアンの法則も意識しましょう。相手が受け取る印象の九三％は、話している内容以外の要素で決まってしまうという法則です（見た目、表情、しぐさといった視覚から入る情報が五五％、声の質、口調、話す速度といった聴覚が三八％）。聴衆は、話の内容よりもはるかにプレゼンターの印象で判断してしまうのです。

もちろん、内容が伴わなければ本末転倒です。内容はロジカルでなければならず、考え方のプロセスや結論を、誰が聞いてもすぐに理解できる端的な言葉で表現することです。

オーナー会社からの要望や、市場の声などを現場に伝えることは日常茶飯事ですが、内容を咀嚼し、どうトランスレーションするかは、総支配人の力量に直結します。

傾向として、ホテリエはロジカルコミュニケーションが苦手であり、「Context（文脈）」の

説明が不十分なことが多いと感じていますが、ロジカルなコミュニケーションは、ビジネスパーソンにとって必須のスキルですので、ぜひ磨くことをお勧めします。

海外に打って出る

将来に「確実」はありません。しかし、近未来における日本の人口減少は確実にやってくる問題です。特に、少子高齢化を起因とした労働人口の大幅減少は国の活力に直結しますので、大変悩ましい問題です。この問題は、ピープルビジネス（労働集約型産業）であるホテル業界には、特に大きな問題として今後さらに顕在化するでしょう。

この厳しい荒波を避ける特効薬を私は持ち合わせていませんが、緩和策として挙げられるのが「ＡＩやロボットの利用による労働力の補填」、もう一つが「海外からの人材の受け入れ」です。

ここでは海外人材の受け入れについて触れます。海外人材をホテルで受け入れるに際し、総支配人が準備すべきポイントは、「文化・言語の障壁」、「自己主張、キャリアへの合理的な対応策」、「人事制度を含めた公正性とチームとしての融合」の三つです。

日本人同士の「阿吽の呼吸」によるコミュニケーションはとても楽です。ですが、残念ながら早晩、こんな楽なコミュニケーションはできなくなるでしょう。日本人だけでは生活もビジネスも成り立たなくなるからです。

総支配人の役割を、持続可能なビジネス環境への対応とするならば、「労働力のグローバル化」「チームの多国籍軍化」は避けて通れず、これをクリアできなければ、ホテルビジネスのみならず、総支配人の責務を果たしているかどうかを疑われることにもなります。

ダイバーシティを理解した多国籍軍を率いるために、総支配人はどうしたらいいのでしょうか。理想は、自身が海外に出て、不自由さや、意思疎通の難しさを体感することです。たとえ短い期間であったとしても、チームビルディングの際のヒントになります。

ダイバーシティ（多様性）を許容し、違う習慣を持ち、異なる言語を話すスタッフと一緒に同じ方向を目指す組織づくりをするために、海外に出ることが難しくても、積極的に異文化に触れるべきでしょう。

ヨットを停泊する際に用いられる技術に「ロープワーク」があります。このロープワークは太平洋だろうが、大西洋だろうが世界共通です。言葉は違っても、どの国、どの地域でも同じです。ホテルも同様です。ベッドメーキングや料飲のサービススタイルなどは世界共通です。言葉が通じなければ、通訳を介してマネジメントできるのです。

労働人口減少問題を乗り切る方法は二つ。「海外に打って出る」、あるいは「海外を取り込む」

ことです。日本人の消費意欲、経済力を冷静にみると、観光業やホテル業は、内需だけでは生き残れず、やはりインバウンドという外需に頼らざるを得ません。日本は、観光大国になり得る高いポテンシャルがあります。それを商品化して稼ぐという方向に舵を切らざるを得ないのです。

スポーツの世界と同じように。他流試合として海外に出て、学び、力をつけ、戻って（帰国）、新たなスタイルを試してみるのも一考です。そうした行動や経験が、日本のホテル業界全体のレベルを上げることに貢献することにもなるのです。

総支配人ポジション進化論

総支配人が、ホテルという組織のヒエラルキーにおいて頂点だとするならば、そのポジションの先にはどのようなものがあるのでしょうか。

答えの一つは「エリア（もしくはクラスター）総支配人」です。日本だけではなく世界的に見ても現状は、総支配人の育成や成長の速度よりも、ホテル開発のスピードのほうが上回っています。総支配人職はある意味「特殊技能」であり、総支配人の育成には時間がかかります。短期間に何とか一定レベルに押し上げる策はあるものの、やはり絶対的な経験が必要です。

これを見越して、多くの外資系ホテル企業では、総支配人よりもホテル支配人（ホテルマネジャーもしくは運営部長）の育成に舵を切っています。つまり、ホテル支配人には、ホテルの現場運営に仕事を特化させ、営業、経理、人事などの仕事は本部や地域統括が担っていくというスタンスです。各ホテルにはホテル支配人を配置し、エリア総支配人、クラスター総支配人が複数のホテルを横断的にスーパーバイズするのです。

また、ホテルの各機能別の専門家という役割も誕生しています。例えば、運営や営業などに完全特化してグループホテル全体の統括する役割です。これは総支配人としての経験を活かしながら、ホテルに寄り添い、カウンセラーやコーチとしてホテル支配人や現場をサポートする仕事です。

ほかにも開発担当者という仕事もあります。多くの場合、土地や建物のオーナーがホテルの開業に向けて、相応の時間をかけ、自社や市場環境に合ったホテル運営会社とブランドを選び、運営委託契約を交わしますが、このオーナーとのやりとりをするのが、ホテル運営会社の開発担当です。数値や営業、運営をベースに自社ブランドの強さを理解し、そして交渉力も求められることから、総支配人経験者が担うことが多いです。

その上には、ホテル運営会社の社長というポジションもあります。現場を知り、ホテルビジネスの本質を理解している必要があるため、こちらも総支配人経験者が担うことが多いです。

総支配人はその役割上、ＭＢＡの科目でもある組織論、リーダーシップ、運営、営業・マーケティング、人事、経理などを現場で体感しています。ですので、ホテル総支配人だった人が、飲食、アパレルといったライフスタイル産業や、ラグジュアリーブランドの上級職などを務める例もたくさんあります。

ホスピタリティを武器に、可能性は無限なのがホテル総支配人という仕事です。枠にとらわれず柔軟性と好奇心、学び続けることを怠らず、ビジネスフィールドを縦横無尽に動きまわりましょう。それが結果として現職である総支配人としての役割に良い影響を与えるものになります。

選ばれる総支配人とは

群雄割拠の様相を呈すホテル業界の中で、どうすれば選ばれる総支配人になれるでしょうか。そのためには、まずビジネス上で結果を残すこと。そして「どのような価値をホテルに与えられるのか」を常に自問自答することです。また、「総支配人として選ばれ続けるには何が必要か」ということも意識し続けることです。

今一度、己を顧みてください。

「敵を知り己を知れば百戦殆からず」

ＳＷＯＴ分析による自身の解析をしてみることです。

まず、強み。強い部分をさら伸ばすことを最優先とすることです。自身のスキル、知識、経験、好きなこと、得意なこと、勝てること。こうしたことこそが強みです。「好きこそものの上手なれ」で、得意な事柄についてはさらに伸ばすことに努め、自身の売りとします。また、複数の強みを組み合わせて総合力を高めるという考え方もあります。

弱みの認識も必要です。自身の弱みをどのように埋めあわせするかを考えます。人の手を借りるという手もありますし、必要最低限の能力になるまで頑張って伸ばすか、有限である時間の浪費を防ぐために、戦略的に検討しましょう。

例えば、語学と数値に弱みを感じている場合、語学の取得にはそれ相応の時間を要しますので、通訳で賄うとし、数値管理に弱く、損益計算書が読めないのは総支配人にとって必須スキルゆえ、集中的に学び習得するといった戦略的アプローチが求められます。

筆者は過去に、複数の総支配人をマネジメントする立場で、担当するホテルの総支配人の採用・人選をした経験があります。その際、次のような総支配人は「買い」であり、結果、間違いはありませんでした。

①常に一歩先を行く。話を聞いたらその次を連想し、常に先出しの行動を行なう。
②ピボット（方向転換）ができる。柔軟性があり軌道修正を厭わない。
③戦略家であり、Hands On（現場で実践する）ができる。人任せにせず、陣頭指揮がとれる。

このほかにも、自分が不在でも、現場がまわる組織を構築できることや、リスクを引き受け、乗り越える覚悟と胆力を持っていること、そして「Detailed Oriented（神は細部に宿る）」ことを理解していることなども、優れた総支配人の共通点でした。

また、正論を語るだけではなく、「清濁併せ呑む器量がある」ことや、できないことの言い訳をせず、「どうしたらできるかを考える」という思考も共通点としてありました。

尊敬してやまないある上司からその役割を譲り受け、筆者自身、とても力んでいる時期がありました。当時の私は、その上司を真似て振舞おうとしました。しかし、その方の持つカリスマ性、ユーモア、洞察力、ドライブ力には到底敵わないことに気付き、落ち込み、焦った記憶があります。

その際、その上司からもらったアドバイスは一言、「自分らしくいろ」でした。

自分らしく在ろう。そして、「自分が周囲に貢献できることは何か」を模索し試行錯誤しました。実行したことは二つでした。一つは、総支配人という立場ながら、CEOとCFOの役割を徹底することです。ビジネスシーンで一般的に言うCEO（最高経営責任者）とCFO（最高財務責任者）とは異なり、筆者の考えるCEO（Chief Explanation Officer、最高説明責任者）は事柄の背景を含め説明を丁寧に、そして相手の立場に立って分かり易く行なうこと。もう一つはCFO（Chief Feedback Officer、最高フィードバック責任者）として、部下の仕事内容へ建設的なフィードバックを行ない、同時に感謝や慰労の気持ちを伝えたことです。この時の、CEO、CFOとしての行動はSWOT分析によって導き出した自分の強みであり、得意なものでしたので功を奏したと思っています。

コミュニケーションをとり、信頼を構築し、結果を出す。そして価値向上のための提案をし、実行する。これらは何も総支配人でなくともビジネスパーソンとして生きていくには当たり前に求められることです。これが継続的にできることこそ、選ばれる総支配人なのです。

数字で語れ

総支配人は数値の扱いにうまくなるべきです。微分積分などの数学をもう一度学び直せと言っているのではありません。コンシェルジュで言えば、ゲスト対応が上手い、料理人であれば包丁の扱いが巧いというように、総支配人は「数値の扱い」に巧みであることが求められます。数値は客観性が高く、だれでも理解することができます。オーナーへの業績説明、チームへのホテル戦略の説明、総支配人には多くの説明機会があります。総支配人は難しいことをさらに難解にしたり、簡単なことをわざわざ難しく話すのではなく、難しい事柄を分かり易く、理解が進むように伝えることが役割です。

またビジネスの結果に対する秤《はかり》には、当然、数値が介在します。課題の抽出、改善に向けてのアクションなど、数値を使わないことによって「動いてはみたけれど徒労に終わった」というような失敗例はよくあります。数値化できないものは基本的にはありません。業務パフォーマンスにせよ、目標管理数値にせよ、すべての事象が何らかの数値に置き換えることが可能です。

例えば、チェックインにかかる時間、一部屋あたりにかかる清掃の時間、営業スタッフの訪問件数や予約決定率、顧客満足度、退職率など、すべてにおいて数値化できるのです。これらの数値は目標値、前年同時期での数値、あるいはベンチマークと呼ばれる基準値と比較してその優劣を認識し、その原因を究明した上で具体的な解決や改善の行動に移ることになります。闇雲に、勘や経験のみでなく、万人が分かる数値を用いてコンセンサスを取るのです。

物事がうまくいかない場合、原因がどこにあるかの究明も、事前に数値による理論立てた計画があれば可能です。例えば、数値化しにくい「ホテル開発のプロセス」といった事案においても、立地の選択、マーケット分析や周辺エリアの観光資源などの要素を数値化し、競合ホテルの状態も鑑みた上で客室数や床面積、さらにはグレードの決定をすることができます。そうやって導き出された結論から、事業の見通しを立てるのです。こうした数値的要素を無視してＫＫＤ（勘、経験、度胸）だけで計画した場合は、議論が成り立たず、修正が極めて難しいこととなります。

また数値を有効に利用するにあたりホテルビジネスの要諦となるＫＰＩ（Key Performance Indicator）指標の設定は必須です。これらは車での計器類と同じですので具合が悪ければ車はしっかり走りません。ホテルをしっかりと動かすためにはこのＫＰＩを注視し、同時に総支配人は「今日の活動の付加価値はどのＫＰＩに結び付くのか」ということをチームに理解させることが必要です。

もう一つの数値活用のメリットは、それそのものがチームをリードするガイドの役割にもなるところです。設定した目標値の達成に向けて、誰がいつ、どのように行動するのかという計画と、その後の進捗の確認を可能とするからです。

チームで実施すべき、そして実際に実施した経済活動を事実に基づくストーリーで説明することが総支配人の仕事です。ストーリーテラーとしてその事実と説明責任を果たすことに強力な味方となるのが数値なのです。

孤独は友達

総支配人は孤独です。もしあなたが「孤独が怖い」のであれば、総支配人には向きません。一匹狼的な思想や行動を求めているわけではありません。総支配人はリーダーとして先頭に立ち、皆を鼓舞することもあれば、時には一歩、身を引き陰から見守り、サポートするという場面もあります。群れの中に飛び込み、一人で鬼軍曹役となだめ役を使い分けることが必要になることもあります。

人間誰しも人に好かれたいという気持ちはあります。ここでは何も進んで嫌われろという提案をするわけではありませんが、総支配人は人気投票で優勝を目指すべきものでもなく、仲良しクラブの一員でもないということを忘れてはなりません。総支配人にとって「いい人」と言われるのは決して誉め言葉にはなりません。リーダーとして畏敬と尊敬の念をもって接さられる存在であるということです。

孤独を実感するのは、自身の判断で決断し、責任を負う時です。総支配人は毎日、何等かの決断を求められます。その際には大局的な見地に立ち、大小さまざまな計画や日々の事象において実施の有無、開始をするタイミング、そして引き際についても決めることが求められます。決断に至るまでは部下より意見や情報のインプットを受け、議論もできますが、その後に起こりうるポジティブもしくはネガティブなインパクト、機会拡大あるいは損失などの可能性などを吟味し、最終的には自身の才覚にて決断を下します。

一度決断したら右往左往せずに、一人でその重みを背負います。総支配人も人間ですから思い悩み、いら立ち、そして躊躇もします。しかし、ホテルにとって何が最善なのかを検討し、結果責任を背負うことになります。

また、優しさを履き違えることがないよう注意すべきです。筆者にも経験がありますが、スタッフ可愛さのあまりに慮《おもんぱか》り過ぎた対応や温情などはその度合いが過ぎると百害あって一利なしとなり、リーダー失格になります。総支配人の役割を演じるにあたり、個人としての性格的な優しさは捨てなければならないことがあります。なぜならば、結果を出せなければ、部下を守れず、更には皆の努力にも報えない結果になるからです。従って結果を求めて厳しく接することを含めた精神的な強さを常に持ち合わせることが必要です。そうした覚悟がないとビジネスをする上で自分もチームも不幸になるのです。

かつて筆者は、ビジネスがうまく進んでいない原因を上司から問われた際、その理由を環境のせいにし、具体的な打開策を説明できないことがありました。上司には私の策は「神頼み」的策にしか思えなかったようです。そして、こう言われました。

「祈りたいなら教会に行け。我々がやっているのはビジネスだ。神頼みでなく、自分で切り拓け」

今でも印象に残る強烈な一言で、説明不足に恥じ入りながらも、自身の甘さを実感した瞬間でした。

孤独は回避できませんが緩和策はあります。部下の声を聞きましょう。

お勧めはSCS（S＝Stop、C＝Continue、S＝Start）というフィードバックを部下に仰ぐのです。自身の言動について、「止めてほしいこと」、「継続してほしいこと」、「始めてほしいこと」の三項目を無記名（記名式にすると本音が出てきません）でA４用紙程度に書いてフィードバックしてもらうことです。

総支配人になると他者から褒められることはまずありません。しかしながら人間である以上、承認欲求はあります。経験上ではCの「継続してほしいこと」などには部下からのポジティブな評価がみられ、総支配人としてあるべき姿を日々発揮できていて、スタッフに何かしらが響いているかの確認ができます。

ＳＣＳはパンドラの箱でもあります。「フィードバックはギフト（贈り物）」といいますが、時に耳に痛いものもあります。自身の発奮材料や反省としてください。

怒りを力に換える

怒りにかまけて応答し、失敗をしたという経験は多くの人がお持ちでしょう。総支配人も人間ですから「怒り」が表面に出て怒鳴りたくなるような状態に出くわすことが一度や二度でなくあると思います。筆者が過去に見てきた総支配人の多くは短気であり、悠長で呑気な総支配人はほぼいません。ビジネスをドライブし、責任を負うプレッシャーに身を置いているため、たとえ本来は優しい性格であっても、状況がそうさせることもあるのです。

しかし、注意すべきは総支配人の短気からくる怒りは、チームを委縮させ、意欲を減退させるだけでなく、あなたの信用を落とし、場合によってはパワーハラスメントになります。そして、それが理由で職を失ってしまうこともあります。ゆえに総支配人はこの「怒り（アンガー）」を意識的にマネジメントすることが必要です。

「短気は損気」は金言です。対処の王道は、すぐにリアクションしないことです。瞬間湯沸かし器的に怒りをぶちまけることによって失うことの多さや重さを理解し、自身をコントロールするのです。怒りが沸き上がった時、まずは深呼吸をします。そして、ゆっくりしたペースで話し、相手の話を聴き、相手の立場に立ってみるなどの行動をとるのです。

総支配人は、部下からだけではなく、オーナーやゲストから苦言を言われたり、理不尽ともいえる物言いをされたりすることがあります。そんな時、総支配人経験者であれば一度は「OKY」と叫びたくなったこともあるでしょう。「OKY」とは、海外赴任者の間での略語で、「（O）お前が（K）ここに来て（Y）やってみろ」という意味の造語です。

こんなことを仮に心の中で思っても、総支配人としてはこのような乱暴な発言は差し控えるべきですが、現実社会には、こんなことを叫びたい衝動に駆られる瞬間を引き起こす理不尽や矛盾は世に溢れています。

「総支配人はサンドバックのように打たれ強くなれ、言葉を飲み込み、防戦一方でいるべきだ」と申し上げているわけではありません。「常に優しく、温和でいろ」ということでもありません。好戦的なスタンスをとることは避けるべきですが、演出としての怒り、感情を抑制した上での怒りは、時に必要なものです。人間はエモーショナルな生き物です。喜怒哀楽も使い様です。あなたのピープルマネジメントに上手く活用してください。

ビジョンとミッション

ホテルビジネスの面白いところでもあり、辛いところでもあるのは、数学のように、「こうすればこうなる」というような具合には進まないところです。それに、ビジネスを遂行していると、いつも晴れの日ということはありえなく、雨風が強く、時には視界不良で、自分を見失うことさえもあります。そんな時のために、自身の心の支え、拠り所として、ご自身の「ビジョン」「ミッション」を持つべきです。

総支配人はリーダーとして多くの部下を率いてビジネスという名の冒険をするわけですが、そこではビジョン、すなわち理念や方向性を可視化することが必要です。「ホテルというビジネスを通して、自分は何がしたいのか」という理念。そして理念を現実化するためのロードマップを用意しましょう。

絵を描くだけなら誰でもできます。それをチームにシェアし、チームが共感して、英語で言う「Let's make it happen！（実現させよう、やってみよう）」という気にさせるビジョンが重要です。

個人も同じです。あなたというビジネスマン（ウーマン）が理念を持ち、己の価値観（地位、家族、名声、安定、自立、健康、成長）で、重要視するものに合わせて方向性を自分なりにはっきりさせておきましょう。「総支配人になる」ということは目的ではなく手段です。「総支配人としてどうしたいのか」「個人としてどのように歩みたいのか」を明確にすることをお勧めします。

筆者には苦い経験があります。二〇歳の時にスキューバダイビングのインストラクターになった時のことです。当時はインストラクターになることが目的となり、その後に何をしたいかまでは特に考えてもいませんでしたので、実際にインストラクターになると目標達成に満足し、長続きはしませんでした。なぜか。いま思えば、それは、大袈裟にいえば「インストラクターとしてのミッションがなかったから」です。

「ミッション」、総支配人としての使命感。出会った人に夢と勇気を与えられるような、ワクワクする使命感を持ち、自分を満足させ、活き活きと毎日を過ごすことが大事です。自分のことすら満足させられない人がどうやって周りをワクワクさせられますか。

当たり前と考えられていた価値観や認識が劇的かつ革命的に変わることを「パラダイムシフト」と呼びます。過去に何度も起きているパラダイムシフトですが、ホテルを取り巻く環境は過去と比較しても例がない大きなパラダイムシフトが起きています。

パラダイムシフトという大変革の現代で、ビジョンとミッションを前輪に、熱いハートと冷静なマインドを後輪とし、ドライバーであるあなたは総支配人として道なき道を覚悟と自信をもって走りましょう。

第三章　総支配人の職務記述書

ホテルのトップである総支配人の職務記述書とは、どのようなものでしょうか。実は総支配人の職務記述書を用意しているホテル（ホテルチェーンも）は少ないです。なぜならば、ホテル館内で起こり得るすべての事柄に対して総支配人は、最終責任者として対応する必要があり、それらすべてを記述書として網羅することが難しいからです。筆者も以前、ホテル会社の社長に「総支配人の職務記述書などないです。おおよそやるべきことの全部です」と言われ、妙に納得した経験があります。

総支配人の仕事とは、毎日のタイムカードの記録による、労働時間の提供という「時間の切り売り」ではありません。成果という価値を売って、対価としての報酬を得ています。

とは言いつつ、本章では、必要な責務や注力すべき項目を整理し、求められる成果とその責務に焦点を合わせて、職務記述書としてお伝えしていきたいと思います。

前述の通り、総支配人の職務とは「これすなわちホテルに関わることすべて」ということです。総支配人の職務記述書そのものがホテルビジネスの要諦ともなり、本質の理解に役立ちます。また今後、総支配人を目指す方は各職務項目を視野に入れながら日々の行動に反映させ、実践することがキャリアを積んでいく際の手引にもなります。

職務記述書の構成は基本的に三つに分かれます。〈報告上司〉〈使命〉〈職務責任〉の三つです。それではこれらを一つひとつ解説します。

報告上司（レポートライン）

総支配人は、だれに直接、ホテルの状況をレポートするのか。ホテルが置かれている契約形態（運営受委託契約、フランチャイズ契約など）により違いはありますが、その多くはホテルを保有する法人の社長である代表取締役への直接レポートか、総支配人がホテルの運営会社の社員であれば、ホテル担当役員、もしくは事業部長などとなります。

重要なのは、報告上司と自身が持つ権限範囲について確認しておくことです。客室の販売レートから人材採用まで、総支配人の仕事は毎日の決断の連続です。計画に沿ってさまざまな施策を執行するにあたり、決裁権はどこからどこまで持たせてもらっているのか。これが、知るべきことの最初の一歩です。執行権限を一覧表などに整理して可視化しておくことも有効です。結果への義務と責任を負う総支配人が権利を明確にすることは将来的に自身を守ることの手段の一つとなります。

また、報告上司が重要としている事柄や価値観を理解しておくとよいでしょう。大小含め、数多くの「判断すべき事案」が総支配人のもとには日々持ち込まれます。都度、最適解を検討し、判断を下していきますが、「上司（会社、ホテルオーナー）が優先したいこと」を理解しておくことも必要です。

「部下は選べても上司は選べない」のが現実です。また上司にも上司がいる場合があります。従って、まずは直属の上司の期待値や思惑の理解に努めるべきです。多くのステークホルダーで成り立っているのがホテルです。そのなかで最も身近な存在が報告上司なのです。その上司との〈握り〉は重要なのです。

使命（ミッション）

総支配人は、ホテルオーナーや保有会社の方針や期待値を理解した上で目先の結果のみならず、中長期にわたる利益確保、顧客及び従業員の満足度の獲得と向上を継続的なものとすることが使命となります。

特に日本の場合がそうですが元々ホテルの保有会社やオーナー会社は、航空会社、鉄道会社そしてゼネコンが中心でした。

そうした企業がホテルを保有する主な理由は、運輸関連（航空、鉄道）のオーナー会社においては空港や駅の近隣にホテルを持ち、人流に伴う相乗効果（シナジー）を求めています。また利用する顧客の利便性向上や会社のイメージアップと、保有する土地の有効利用という側面もあります。

ゼネコンにおいては、保有する土地を中心に建物そのものを設計し、建設することが目的です。完成した建物そのものが自社のショーケース（自社の技術やデザインの優位性の見本品）になるのです。

また、現在は投資会社や不動産会社による所有、そしてＲＥＩＴ（不動産投資信託）の一部として存在するホテルが増えています。これはホテルが持つ特性の一つである「投資対象としての役割」があるからです。

ホテルが、「プロパティ（所有財産）」と呼ばれる所以は、投資会社によるキャピタルゲイン獲得の意図があるからです。すなわち、ホテルを安く仕入れ、お化粧直し（リノベーション）を施し、資産価値を高めた後に、高い価格で売却し、利益を得るのです。

この場合は売買のタイミングが生命線ですので、常にホテルの価値を高めておくことを強く求められます。またコンプライアンスなどの側面で落ち度があると販売価値下落の可能性も孕みますので、クリーンな状態を保つことも求められます。

また、オーナー会社のなかには、キャピタルゲインを得ることよりも長期間ホテルという資産を保有し、年度の利益を源泉とする配当を期待する場合もあります。短期はもちろんのこと中長期の継続的な利益確保を期待されるケースも多いです。

いずれにしても、本来求められるのは恒常的に売上と費用を管理し、ホテル経営の根幹である利益を安定的に確保し、内部留保を蓄えていくことが、総支配人としての使命となります。

一口に投資会社といっても、短距離走的な発想で売買を積極的かつ短期間で行なう投資会社もあれば、長距離マラソンのように長期保有による利益確保を望む会社もあります。総支配人としては、その方針を理解することが重要です。こうしたホテルとしての存在理由やオーナー会社の思惑を背景に、総支配人はホテルをあるべき方向に舵を切り、推進する役割を求められています。

そして、もう一つの大きな使命は、顧客満足と従業員満足を高めることです。「顧客満足度は売上向上、利益確保に相関関係がある」というデータがあります。

利益の源泉となる売上は顧客がもたらしますが、SNSでの投稿、口コミの良し悪しは、ホテル選びの決定要因となります。また、リピート顧客の有無、会員数はそのままホテルの営業上の強さに直結します。イコール、ホテルのパフォーマンスの出来、不出来に影響します。顧客満足度の維持や向上にあたっては細心の注意が必要です。

顧客満足度の確保は一朝一夕にはいきません。ホテルの方針に沿って、現場で実践する従業員の日々の働きがなければなし得ません。従業員が毎日をハッピーに過ごし、そのハッピーな従業員が日々顧客に良いサービスをし、顧客はホテルのファンとなり、ホテルを多く利用し、お金を落としてくれるというポジティブな連鎖を作るには従業員のエンゲージメントと達成感、いうなれば従業員満足度の向上と維持が不可欠です。これを達成するために、総支配人は常日頃から従業員へ感謝とケアをすることです。

そのほか、近年益々求められているのは環境への配慮です。ホテルのみならず一般社会や業種も同様ですが、地球温暖化、環境破壊など観光産業のトップランナーとして社会環境への貢献も望まれます。

建物は五年、一〇年で駄目になるものではありません。それに、たとえホテルが売買によってオーナーが変わっても、そのホテルのビジネスは長い期間にわたり存続します。ですから、いずれにしても近視眼的、短期的な売上利益を目指すよりも、継続的な利益や満足度の確保により持続可能なビジネスの構築を使命とします。

職務責任（レスポンシビリティ）

総支配人の職務責任には次のようなものがあります。これから解説する職務の順番は、優先度や重要度とは関係ありません。すべての要素が均等に大事な職務責任となります。

●売上並びに利益の確保、顧客満足度の向上と維持、ホテルの価値を最大化し、これらを恒常的に実現する

「使命」のところでも触れましたが、この責務はホテルのみならずビジネスのベースであり総支配人に求められる根本です。

「恒常的」というのがポイントです。瞬間的なものではなく、平時、有事にかかわらず、継続的にホテルのビジネスを存続、成立させ、その上で価値を最大化していくことです。

達成のための戦略的な青写真と共に、マーケティングプランと、期待される数値を可視化し、それを実現させます。勘や度胸というような闇雲なものでなく、納得感のある計画を立案し、オーナー会社や上司に論理的に示すことです。そして、最も重要なのは「結果を出す」ということになります。

●安全と安心を基盤に、清潔で快適な環境を整え、質の高いサービス提供を行なう

宿泊業の本質的な顧客価値は、滞在するゲストがストレスのない睡眠によって、翌日の活力を蓄えていただくことです。それを実現するには、安全・安心・清潔感を担保し、かゆいところに手が届くようなサービスによって、ホテル全体として提供できる付加価値を最大化することです。

〈顧客満足を高める五つの機会〉

顧客満足を高める機会としては、次の五つのタッチポイントが鍵になります。

最初は「ホテル来館前となるタイミング」です。旅の目的、アレルギーの有無、部屋へのリクエストなど、到着前に可能な限りゲストの情報を把握して、パーソナライズされたサービスに繋げます。また安全や環境に配慮する取り組みなどをウェブサイトなどでも紹介し、安心感を高めます。

二つ目は「チェックイン時」です。来館の歓迎や感謝の気持ちをフェイス・トゥ・フェイス

で行ないます。そして最初のステップでの要望の確認を行ないます。

三つ目は「ホテル滞在中」です。滞在中のさまざまなお手伝いやフォローアップ、ターンダウンサービスなどを通して、快適さと高品質のサービス、ゲストケアの提供を実践します。

そして四つ目が「チェックアウト時」です。滞在中に不備があれば、そのフォローアップをします。また、出発のお手伝いを行ないます。このタイミングが、ゲストと直接やりとりできる最後のシーンです。ホテルとしての責任を全うすべく最善を尽くします。

五つ目は「ホテル退館後のタイミング」。滞在におけるフィードバックの獲得などホテルが取り組むべき改善の洗い出し、そして次回への営業活動へとつなげていきます。

こうした五つのタッチポイントをどう設計しておくかを、ホテル運営チームとして仕組み化していくことです。

●スタッフの生産性向上のために、チームワークと個人のやりがいを醸成する

スタッフ一人ひとりの行動がホテルの今日を決めます。そして個々人ではなくチームとしての活動がホテルの強みとなり、未来を決めます。そのためには、総支配人はさまざまな機会を

通してコミュニケーションをとり、スタッフのモチベーションを高めることです。

●部門長（直属の部下）とは十分な意思疎通を行ない、最高の成果を上げてもらうように図る

労働集約型ビジネスであるホテルにおいて、不可欠なのが「人心掌握」です。マネジャー一人がマネジメントできる人数は、多くて一〇人といわれています。それ以上の場合は、信頼できる直属の部下である各部門長などに権限移譲を行ない、彼等を通して効率的に行なうことが必要です。そのためにも、まずは直属の部下との信頼関係を強化し、価値観やゴールの共有を通して強い絆の構築に努めます。

マネジメントスタイルには、「マイクロマネジメント」と「マクロマネジメント」の二つがあります。前者は、部下の行動を逐一管理し、事細かに指示するスタイルであり、後者は、基本的な方針を示して、部下の自主性を重んじるスタイルです。どちらが良い、悪いということではありません。状況や、部下の成長度よって使い分けることが肝要です。いずれにしても、部下のパフォーマンスを最大限引き出すことが総支配人の責務です。

部下のやる気や意欲を維持し高める「モチベーションマネジメント」も総支配人の職務です。スタッフのモチベーションの高さこそがホテルビジネスのキードライバーであり、エンゲージ

メントを高めることにより、ホテルは多くのことが成し遂げられます。

●採用、研修、退職など人事活動全般に関与し、監督を行なう

どんなに素晴らしい総支配人でも、一人でホテルを運営することはできません。運営するのも、そしてホテルの評価を決めるのも日々のスタッフの働きなのです。このように重要な人材マネジメントを人事部任せにせず、総支配人も相応の時間と労力を注ぎます。

①　採用計画

全体のホテル機能に応じた人数の確定からホテルのコンセプトに合った人材の採用が肝要になります。面接の機会を通してホテル全体へのフィット、そして組織へのミスマッチがないかの確認も、総支配人が自らすべきです。

②　人事考課

スタッフの働きぶりを査定することを人事考課といいます。これは年二回程度（半期に一度）を目安にして実施するホテルが多いようです。最初に決めた期待とゴール期での

結果のギャップを明確にし、論理的な相互の理解と合意を形成します。その際には「好き・嫌い」や「ハロー効果（ある対象を評価するときに、目立ちやすい特徴に引きずられてほかの特徴についての評価が歪められる現象）」に影響されないように努めます。人事考課には、日ごろのパフォーマンスについて「人が人を評価する」という目的がありますが、一方で上司と部下のダイレクトコミュニケーションの機会でもありますから、考課の面談を通して互いの理解に努めるなど有効に活用すべきでしょう。

③ **オリエンテーション**

オリエンテーションは、新入社員や中途採用者へ向けたホテル全般の理解や定着の機会となります。ホテルの概要や魅力の説明から、人事の規則、社内ルールなどを伝え、新入スタッフが一刻も早く戦力になるように促します。総支配人はホテルの代表として率先して、歓迎と熱意を伝えるべきです。

④ **各種研修**

「人材こそが商品」といっても過言ではないホテルビジネスです。一人ひとりの能力を向上させる研修は、ホテル全体の価値の創造力を高めることに直結します。ノウハウを得る、スキルを高める、語学を取得するなど、研修にも多種多様なものがあります。自ホテルのニーズやウォンツを把握し、適切な研修を適切なスタッフに受けてもらうこと。これも人事部任せではなく、総支配人が方向性を示して実施することです。

⑤ **退職時インタビュー**

スタッフの退職時に行なう面談は、いろいろな意味で情報を入手できる機会です。やりたい仕事が別に見つかった、家庭の事情といった理由もありますが、上司や職場環境、待遇などの不満が理由ということも当然あります。そうした理由を知ると、苦い思いをしますが、改善の機会と捉え、今後の参考とすべきです。

⑥ **次世代育成**

これも大きな課題です。人の育成を直接的な総支配人の評価としているホテルは少ないですが、総支配人としてリードすべき大事な責務です。特に、自身の後継者づくりは重要事項です。着任次第、すぐに取り掛かるべき事項といっても過言ではありません。また高い可能性を持つスタッフについては育成プランの作成と実践を実行しましょう。

⑦ 監査的視点

給与計算などが正しく運用されているか、総支配人は監査的な視点をもって介在すべきです。採用や研修などは人事業務のなかでも本道で、担当者に運用を任せることができますが、労働争議、ハラスメント対応、懲戒解雇の判断などといった事案は、総支配人が取り扱わなければならない事案です。自身の庭で起きている事象に対して、一歩引いた監査的視点で冷静に対応することです。

●スタッフと良好な関係を構築する

総支配人であるあなたは、本日、何人のスタッフと挨拶を交わし、何人と話をしましたか。その数が極端に少なかったとしたら要注意です。

人材には、〈人財〉〈人在〉、そして〈人罪〉が存在するといわれます。スタッフを、いるだけで職場の悪影響となる〈人罪〉にするか、そこに存在するだけのただの〈人在〉にするか、ホテルにとっての財産となる〈人財〉まで昇華させるかは、総支配人であるあなたの取り組み次第です。総支配人次第で、スタッフがどの「ジンザイ」に変容するかが決まると思っても過言ではないでしょう。

昭和や平成の時代にあったような、「背中で語る」、「背中を見て覚えろ」という強権的な方法は、デジタルネイティブで、対面コミュニケーションを得意としない世代にはマッチしないようです。ゲスト対応同様、思考や嗜好が多様化するなかで、個々人に合ったコミュニケーション方法を選ぶことです。

スタッフとのコミュニケーションの取り方としては、例えば「GMテーブル」があります。呼称は色々ありますが、定期的に五〜一〇人程度のスタッフとコーヒーなどを飲みながらコミュニケーションする時間を設けます。日々現場で行なっている立ち話よりも、一歩進んで、仕組みとしてカジュアルな会話をする機会です。

また、「グループ活動（ホテル以外の場所でのバーベキューやスポーツを共にする）」や、「オンラインでの交流会」、あるいは昭和的な方法ではありますが「ノミュニケ—ション（お酒を飲みながら）」もいまだ有効な手段です。

こうした機会を設けることによって、自分の考えや方針を伝えられ、部下をよりよく知ることができます。そして、スタッフとの精神的な距離を縮めることができるのです。

ただし、この「精神的な距離感」も節度が大切です。その匙加減は総支配人の裁量となります。ホテル（会社）は仲良しクラブではありません。総支配人と従業員は、友好な関係ではあるが、友達ではないのです。上司・部下という関係を構築し、畏敬の念をもって接せられるスタンスが望ましいです。

●職場環境を整え、スタッフのケアを行なう

そのホテルで働くスタッフを見れば、総支配人のヒューマンマネジメントポリシーはすぐに分かってしまいます。スタッフの笑顔、姿勢、行動は、総支配人の写し鏡です。ホテルを創るのは人です。スタッフが働きやすく、持っている力をいかんなく発揮できる環境を整えるのが総支配人の役割です。各種の制度設計、風通しの良いコミュニケーションはもちろんのこと、ロッカールーム、従業員食堂の整備というハードの部分やハラスメントの対応、従業員の意見を汲み取る仕組みまで関与し、目を配ることです。

スタッフをケアするというのは、単に「いつも頭をなでて褒めてあげる」ということではなく、「やってみせ、言って聞かせて、させてみせ、ほめてやらねば人は動かじ」という山本五十六の名言が示しているように、「手本を示し、我慢をしてでもやらせてみることに加え、時に優しく、時に厳しく、必要であれば叱る」というメリハリが必要なのです。

●定期的な館内巡回によりホテルが常に最良な状態にあるよう維持、管理を行なう

館内巡回を毎日欠かさず行なうと、多くの事を知ることができます。ホテルはハードとソフトの両輪が機能してはじめて非日常である特別な空間を生み出すことができます。どちらかが突出していてもいいホテルにはなりません。

巡回においては、まずはホテルスタッフの笑顔、しぐさ、情熱を感じて下さい。彼ら彼女らの立ち振る舞いがホテルに息吹を吹き込みます。そして、ホテルの格を決め、ゲストからの信頼を高め、非日常の演出を可能にします。

館内巡回では、パブリックスペース（フロント・オブ・ハウス）だけではなく、バックヤード（ハート・オブ・ハウス）も忘れてはいけません。バック部門と呼ばれる経理、人事、購買、IT、施設管理、営業など、すべてのセクションがホテルの重要なピースなのです。

スタッフの「顔色」や「勢い」、「声の張り」などを毎日観察していると、些細な違いからでもそのスタッフの変化を知ることができます。経験上、得てして、この三つが総じて低いスタッフは黄色信号が点灯しています。何らかの問題を抱えており、退職などの兆候となります。

また、ゲストが実際に利用する場所は、顧客の視点に立って五感（見て、触って、聞いて、嗅いで、味わう）をフルに用いて品質の確認をすることが大切です。

さらには「安全・安心」というホテルの根幹のチェックも総支配人の日課です。館内非常電話、防火扉、消火器、ＡＥＤなどの動作確認や避難通路の確保、そして建物の内臓部分である水回り、空調、ボイラー、電気関係は定期的な検査の結果と併せて、チェックしておくことです。

こうした館内巡回では、自身の直観的な確認のほか、客観的なデータも利用します。ゲストからアンケートで指摘されたネガティブなコメントの改善具合の確認、ストップウォッチを用いてのチェックイン・アウトに要する時間の検証、清掃作業時間の測定、レストラン消耗器材のブリケージ（破損や損失）表の確認など、データ活用による管理は、ともするとフィーリングや上辺だけの確認に走りがちな自身に対する戒めになります。

裏技もあります。「真実を知りたければ従業員用喫煙所に行け」です。従業員用の喫煙所に立ち寄って彼らの雑談に耳を傾けたり、ハウスキーピングやパブリックスペースの清掃などを依頼する、外注先スタッフとの何気ない会話をすることも有効です。表には現れない、見えていない真実を知ることもあります。

総支配人の仕事は粗探しでも、重箱の隅をつつくようなことでもありません。ただし、一つ言えるのは、「神は細部に宿る」ということです。細部を気にせず大きなことは成し得ません。小さな不満を無視し、少量のほこりなどに目を向けなければ一事が万事で良いものは創り上げられません。すべてはより良くなるため、そしてゲストのため、ということです。

●ホテルの陳腐化と経年劣化を防ぐため、修繕や改修・改装を施し、品質を保つ

ホテルは巨大な装置産業です。建物も生きています。部材の劣化、そしてデザインの陳腐化など、ホテルというビルディングは人間同様、経年と共に老朽化していきます。そうした施設の老朽化に関しても、総支配人は自身の目で確認、観察し、必要な手立てを施す必要があるのです。改修や維持管理を適度に実施し、古いものを大事に扱うのはヨーロッパなどでは常識です。またそれらが伝統となり、ホテルの特色になるのです。

昨今は、ホテルオーナーから「不動産物件としてのホテル価値の査定」を急に求められることも珍しくなくなってきました。この要請に対して、慌てて改善策を講じても片手落ちになります。そこはやはり常日頃からスケジュールを組んで、施設管理担当者などと計画的かつ念入りに改修や修繕を実施するよう画策しておくべきです（できれば毎週の実施をお勧めします）。

改修や改装工事が決まると、その費用を投資していただくオーナーへの説明や説得という仕事が待っています。そしてその前段階で、投資に見合うリターンの予測という作業があります。こうした日々の施設管理の上で行なうリノベーション計画も、総支配人の責務です。そして、計画性、先見性などを示すことにより、信頼を築いて下さい。

●安全確保に対する準備を怠らず、実践的な環境づくりを行なう

ホテル運営において、〈安全・安心〉以上に優先させるものはありません。総支配人は今一度、これを認識する必要があります。「天災は忘れたころにやってくる」は、あながち単なる戒めではなく、天変地変、火災などのリスクはつねにあると考えておくべきです。転ばぬ先の杖で準備と訓練を定期的に確認、実施し、来るべき日に備えることです。

ホテルが二四時間、三六五日の営業である以上、ホテルスタッフがある程度確保されている日中だけではなく、人手が薄くなりがちな夜間においても、緊急時の体制や運営状況を常日頃確認し、連絡方法や招集の具体的な方法を確立しておくことです。また消防、警察、病院などとも良好な関係を築き、有事の際のサポート体制を確保しておくことも重要なポイントです。

そのほか、有事を見越して、近隣のホテルと友好関係を構築しておくことも必要です。例えば、火災などが発生した場合、連絡手段のためのネット環境、ゲストとスタッフが避難する客室や宴会場などが必要となります。ホテル内にそのような場所を確保できず、緊急対応センターを設置できないことなどの最悪のケースも推測できます。そんな時は、近隣のホテルに頼ることになります。そのために、平時から「相互での協力体制」を組み、その同意書を交わして置くのです。「お互い様」ですから近隣ホテルの総支配人も理解を示してくるはずです。こうし

た仕事も総支配人が率先して行なうことの一つなのです。

●ホテル運営における各種の法律や規則を理解し、順守すること

人、宿泊、料理、婚礼、エンターテインメント、IT、そして建物・施設……。ホテルは多岐に亘る機能を備えたビジネスモデルです。そこにはそれぞれの法律や規則があります。そして総支配人は、それらの知識を幅広く有する必要があります。

総支配人は、法律に逸脱することなく、決められたルールに沿ってホテルを運営することを課せられています。よって、法律家になる必要はありませんが、ホテルを守るという観点で総支配人は「法令順守の門番」であるべきです。

一般的には商習慣の基礎となる「民法」と「商法」が中心となります（ちなみに「宿泊予約」も実は民法に定められる法律行為のひとつです）。労働基準法なども知っておく必要があります。安全衛生法というスタッフの健康・安全、労災に関わる法律の理解も重要です。

個人情報の漏洩は、損害賠償などを求められる大きな事件に発展しがちです。そうした意味では個人情報保護法も押さえておく必要があるでしょう。またパワハラ、セクハラ、モラハラなどのハラスメントについてや、ホテルとして企業コンプライアンスの順守徹底は、チームの

みならず、あなた自身を守ります。そのほか、宿泊約款やキャンセルポリシーなど、自ホテル内部の規則にも目を通しておくことも重要です。

ネットの発達や疫病などで、従来では考える必要がなかった事柄が増えています。総支配人が一人ですべてを網羅するのは不可能です。そこは専門家とのコンタクトを持ちながら対応することになります。重要なのは、自身の知識を増やすことのほかに、「困った時にすがるべき専門家」を持つことです。

●債権、債務を注視し、キャッシュフローに注意を払う

企業の健康診断書である財務三表（損益計算書、貸借対照表、キャッシュフロー計算書）について、総支配人は最低限の知識は持つべきです。

損益計算書（ＰＬ）は、〈売上〉、〈経費（費用）〉、〈利益〉の三部構成になっており、企業の業績実態を知るうえで欠かせません。病原体を発見するにあたり、最初に観察するレントゲン写真となります。

その上で貸借対照表（ＢＳ）に記録される項目、特に売掛金や在庫を意識します。分かり易いところでこの二項目は、形を変えると現金になりますから、経理任せにせず月々の増減に注

力します。〈売掛金〉は未回収のままで滞留期間が長いと取りそびれるリスクが増大します。また〈在庫〉は、レストランなどの食材や飲料原価に直結します。その在庫の内容（アイテム、金額、数量、そして有効年月日）も掌握すべきです。

キャッシュフロー計算書（ＣＦ）は、その名の通りキャッシュの流動性を示します。究極的には損益計算書上で赤字が続いたとしても、現金が回っていれば企業もホテルも倒産の憂き目に遭うことはありません。従ってビジネスでは「現金こそが王様」ともいいます。

総支配人は財務諸表自体を作成する必要はありませんが、問題点などを感知し、対応することが求められるのです。

●ホテル内で起こりえる不正を未然に防ぐよう注力する

ホテルは、数えきれないほどのアイテムを日々購入しています。現金や品物が日々行き交います。不正が起こりやすい環境なのです。ですから、購買に関して不正を起こさせない仕組みを作ることが重要です。

購買決定の承認は、権限を一人に集中しないことです。定期的な監査も必要です。物品購買においては、発注者と受取者を分け、複数の目や手をかけて「不正ができない」、「不正をさせない」ためのシステム化をすることです。

また、新規取引を望む取引先も多く、取引額も大きくなるために、外注取引先から不正を誘発する「甘い囁き」をささやかれることもあります。チームを厳しく律するルールを設定し、不正の温床とならないようにすることです。不正者が出てハッピーな展開になることなどなく、解雇などの後味の悪さだけが残ります。抜き打ち検査などの実施を含め、不正が起きやすい環境を作らない、作らせないことも、総支配人の仕事なのです。

最後に一つお伝えします。「ルールを決めるのは総支配人、そして、それを破るのも総支配人」ということが往々にしてあります。これは周囲からの信頼をなくす行為です。自身を戒めて下さい。

●高いアンテナを持ち、市場に敏感であること

総支配人は、館内の情報だけではなく、外部の情報を入手するために、常に耳を澄ましておくべきです。業種や業界を問わず、あらゆることがビジネスの種になり得るのがホテルというビジネスです。マーケットの動向に疎い総支配人は失格です。

また、いまやホテルは投資対象という金融商品になっています。そうしたホテル売買を行な

うプレイヤーには、投資ファンド、金融機関、REITなどのほか、不動産、建設会社、ホテルへの納入取引会社などがあります。こうしたプレイヤーとのやりとりにも、総支配人は敏感である必要があります。キャッチするのは難しいと感じるかもしれませんが、アンテナを立てておくと意外と情報をキャッチすることができます。例えば、常日頃から関係各者と友好関係を築き、コミュニケーションを図ることも有効です。近所の空き地には土地建物の開発計画の公示が張り出されていますし、地域での会合や、さまざまなイベントなどでも情報を耳にすることができます。まずは興味を示して、聞く耳を持つことです。ホテル並びにビジネスの拡大は、結局、自身のビジネスにもポジティブに影響があることが多いです。ホテルオーナー会社のなかには、新たな開発取引が見込まれる紹介に対してインセンティブを支払う企業もあるほどです。

●オーナー（会社）と信頼関係を構築すること

日本語で「利害関係者」と訳される「ステークホルダー」ですが、その最たるものはやはり「オーナー（会社）」です。そのオーナーへの月次や年次の営業報告は、総支配人の主要な任務の一つとなります。それに加え、総支配人自らが考える課題とその対策、投資についての提案など、総支配人の戦略性やビジネスパーソンとしての力量が問われるところです。

報告の際に採用するＫＰＩ（Key Performance Indicator）は、主に四種類あります。可能な限り数値化することを勧めます。

①財務的数値を中心とした業績。ホテルの主要ドライバーである、稼働率、ＡＤＲ、RevPAR、損益計算書にて表現される宿泊や料飲の売上、ホテルの純利益です。
②顧客満足度。リピート率やメンバー獲得数なども営業上では見逃せない数値です。
③従業員満足度。一方では退職率についても注意が必要です。
④運営上やそのほかでの主要な項目。例えば、ソーシャルメディアのフォロワー数、生産性指標、安全警備並びに食品衛生管理・ブランド管理、ＳＤＧｓ指標、育児休暇取得率、女性管理職数などもホテルの目標管理の一部とする場合があります。

これらのＫＰＩには優先順位などなく、これらがうまくバランスされていることが理想です。オーナーの期待を下回るＫＰＩは、その原因や理由、改善策などを説明する必要があります。ケアレスミス、数値の桁違いなど、誤った数値を伝えることなどは、総支配人として信頼度が低下します。部下が作ったレポートをそのまま提出することによって発生するつまらないトラブルなどを防ぐためにも、ご自身の目で数値とその背景を再確認してください。

冒頭に記した通り、総支配人の仕事は「ホテルに関わることのすべて」ですから、ここで紹介した職務の項目は、代表的なもの、職務を実施する上で外せない事項に限定しています。近年ではソーシャルメディア、ＩＴ、デジタルの理解や環境保全などへの配慮など、職務記述書に盛り込むほどではないですが、職務遂行には重要となる要素もありますので、念頭に入れておいてください。

第四章　総支配人　最初の一〇〇日

アメリカ大統領は就任後の最初の一〇〇日間で、ヒト・モノ・カネ・情報を掌握します。そしてその上で、政策や方針を示し、早い段階でその実力を示すことが求められています。

第三二代アメリカ合衆国大統領、フランクリン・D・ルーズベルトは、就任後の最初の一〇〇日で複数の法律の制定を含めた方針を示し、状況を立て直しました。彼は今なお、歴代大統領のなかで高い人気を誇っています。「アメリカ大統領は最初の一〇〇日で実力を示さなければならない」といわれるようになったのは、それ以降のようです。

ホテルの総支配人もまったく同じです。就任もしくは着任してからの最初の一〇〇日間は非常に重要であり、実態の理解、人心掌握、そして具体的な行動計画を早めに打ち出す必要があります。

最初の一〇〇日間は「ハネムーン期間」とも揶揄されますが、新総支配人である自身とホテルにとって重要な時間であることは間違いありません。その重要性を認識した上で、新しいリーダーとしての存在感をアピールし、戦略的に行動すべき期間なのです。

まずはホテルを横断的に理解するために、前任の総支配人や各部署からオリエンテーションを受けることが通常です。新総支配人は、ドキュメント類に目を通し、ホテルの状況を理解しつつ、自分なりの仮説や質問を持ち、漏れのないよう情報を仕入れることに努めます。

また、事業を引き継ぐ際には、往々にして「過去の遺産（レガシー）」が浮上します。特に負の遺産については、隠されていたり、見えないこともありますが、その存在を察知し、目を向けることは必須の作業になります。

新総支配人の仕事は、喩えて言うなら「動いている電車に怪我することなく飛び乗って、すぐにハンドルを握り、脱線しないよう運転を続けること」です。そのためには、飛び乗る前に状態を把握し、飛び乗った後も巡航速度を保ちつつ新しい未来へホテルを導くのです。

総支配人職にアサインされるという光栄と不安の両方を感じる状況において、今後すべきことを体系的に理解することは、その後のパフォーマンスに大きく影響を与えるのです。

現職総支配人との引継ぎ

総支配人の職務を引き継ぎする際、現実的なタイムテーブルを作成します。

前任総支配人が通常業務を行なうなか、新任総支配人は、まずは現状を踏襲してみることになります。基本的に、前任総支配人は、たとえ協力的であっても、心は次のポジション、次のプロパティに動いていることが多いです。ですので、新任総支配人の方から積極的、戦略的に行動し、引継ぎを計画しない限り、効果的に進まないことを肝に銘じてください。主導権は既に新任総支配人にあることを踏まえ、不要な遠慮をせずに自信をもって必要な行動をとりましょう。

また、引き継ぐ項目は、「平常に動いている項目」、「緊急性が高い項目」、「結論が保留や先延ばしになっている項目」、「いわゆる負の遺産的に属する項目」などに分類するとよいでしょう。そして、今後一〇〇日間のアクションスケジュールを検討していきます。

ホテルツアーも不可欠です。自身が全責任を負うプロダクトであるホテルを知らずして前には進めません。ホテルツアーをすることにより、物理的な理解に努めます。これから数えきれないほど、ホテルの中を歩くことになりますが「最初の目線」は大事です。ツアーの際には、営業的、施設管理的な視点を重視しましょう。感覚が新鮮なうちに、そして、目が曇らないうちにメモや録音などで備忘記録をしながらツアーに臨まれてください。

オーナー、各部門責任者、利害関係者、リアルやオンライン旅行会社、重要なクライアントとの面談、並びに全従業員ミーティングなどは、早い段階での計画が必要です。とりわけオーナーの情報や個性について、またホテル全体については、前任総支配人が誰よりも理解していますので、時間をかけ掘り下げてください。

ホテル全体については次のような項目を整理して確認を進めて下さい。

「ヒト」

▼組織全体について
▼採用や退職の状況と労働争議などの有無
▼人事評価や従業員報奨、研修など制度や仕組みについて
▼労働組合の存在や協議内容

「モノ」

▼マーケティングやホテル運営プランの確認
▼主要なホテル指標の確認（予算、前年対比、見通しを含む）
▼ミーティングの種類や参加者と議事録確認
▼外注先やテナントとの関係の整理と契約内容
▼ブランドスタンダードへの準拠状況
▼安全衛生管理
▼地域へのボランティアを含めた参画状況

「カネ」

▼投資計画

▼銀行や支払いなどの権限設定

▼会計財務上での監査レポート

▼資本的支出（建物投資など）や長期保留の購買物の確認

▼保険の補償範囲（対人、所領、火災、地震、食中毒）

▼銀行との関係やホテルの財務状況

「情報」

▼マスターキーや承認コードの変更

▼顧問弁護士や会計士との関係

▼ライセンス（ホテル、レストラン）や音楽著作権などについて

▼緊急事態の際の手引きやホテルの最新のＫＰＩやＳＯＰ（Standard Operating Procedures）について

▼ホテル協会や外部の団体などとの関係

▼そのほか、懸案事項や引継ぎ

このほかにも、赴任地が海外や縁のない土地の場合は、国や都市の情報、文化や習慣について、そしてカントリーリスクなども確認を忘れてはならない事項です。

各部門責任者の理解も重要です。当人のバックグラウンド、経験値を始めとした特性や人となりです。これらを掌握した上で、部としての目標や課題などを確認します。

同時に新任総支配人であるあなたは自身の紹介も必要です。私が仕えた総支配人の一人は新規着任にあたり、以前のホテルで実施したご自身の三六〇度評価書を、私を含めた各部門長に配布し、ご自身の信条や仕事のスタイルやパーソナリティを知ってもらうよう努力されていました。一見、簡単なようですが、個人としての短所などもシェアするわけですから、これは勇気ある行動です。その後は私もこのやり方を参考にしています。今後、一番信頼し身近な存在となり得る部門責任者ですから、速やかにお互いを知り、共に走り始めることが重要なのです。

そうした信頼関係の構築を経て従業員についての議論、人事考課やパフォーマンスの客観的な評価、高い可能性を秘めた人材の有無などの建設的意見交換を進めます。

ビジネス以外でも、家族がいれば家族の生活が落ち着くまでは、自身も集中力が分散されます。家族が新しい環境にフィットするかの心配や、それ以外でも歓迎会などのパーティーや挨拶周りなど、時間と労力を伴うイベントが次から次へと行なわれます。

就任・着任一日目から、あなたは周囲の注目を浴びつつ、「お手並み拝見」という視点で見られたり、前任総支配人と比較されたりします。そしてそれらはすべてが好意的なものとは言い切れません。そうしたなかで、自分のペースをつかみ、人心掌握をし、現存ビジネスをドライブさせ、そして肝心な「結果を出す」という自分なりの方程式を一刻も早く築き上げる必要があります。

一〇〇日間はあくまで目安です。一日でも早く自身の思い描く巡航速度に持ち込むことができれば、その後が楽になります。闇雲ではなく合理的に、そして効率的に進めることが肝要です。

人事関連のインプット

ホテルの規模の大小にかかわらず、着手すべきはスタッフの状況の掌握です。

人事、特に個人の性格や組織として機能性については、財務指標などの数値や施設関連のハードとは違い、ある程度の時間をかけないと理解が深まらない分野でもあります。場合によっては言語の壁や、カルチャー・習慣の違いなども、理解を阻む要素になります。そうした障壁があることを十分認識した上で進めてください。

総支配人としてスタッフの全員と満遍なく相対するには時間を要します。ビジネスの基本である挨拶を怠らず、名前を覚え、公平に接するということをベースに、自身のパーソナリティを駆使してホテル内に溶け込み、理解を深めることです。

「部下は上司を選べない」と言われますが、半面、上司となる総支配人も部下を選べないことが多いです。ホテルのスタッフを自身の好き嫌いで次々に変えていくことは許されないことですし、そんなことをやってしまったら、返り血を浴びることになります。結果的に自身の首を絞めることになります。

カードゲームに喩えるならば、赴任先において配られるカードは何枚で、どんな手として使えるカードなのかは分からないという状態です。そうした状況において、現状を切り盛りし勝利に導くか。これが、総支配人の腕の見せ所です。

また、労働基準法に沿った運営がされているのか、職場環境の整備などについて、スタッフの本音を敏感に嗅ぎ取ることも必要です。

人事関連で取得すべき情報には次のようなものがあります。

①全体像

▼組織図
▼人員配置表（マンニングガイド＝各部署の具体的な人数やポジション一覧表）
▼顔写真付き全従業員名簿（可能であれば入社年月日や誕生日などもわかると有用）
▼各部責任者の人事考課
▼従業員満足度調査結果

②労務管理に伴う要項

▼就業規則（採用、就業時間、退職、定年、休日、休暇、給与などを網羅）
▼労災の発生状況
▼労働組合の有無と活動状態
▼賞与やインセンティブ支給の実績
▼労働問題、争議の有無
▼エクスパット（自国の外、海外で働くために移住した人材）の有無と契約内容

③ホテル内の人事制度

- ▼各職務記述書の整備
- ▼研修状況
- ▼報奨制度
- ▼内部異動制度
- ▼従業員食堂
- ▼ロッカーや駐車場の規則
- ▼スタッフ館内利用方針
- ▼意見箱
- ▼ニュースレター
- ▼住居や寮

人事は、「ブライトサイド（明るい方面）」と「ダークサイド（暗い方面）」に分かれます。ブライトサイドの人事とは、採用や研修を筆頭に、まさに人事が人事として機能すべき領域です。ブライトサイドの人事については、総支配人が関与しつつ人事担当者の力量を見極めて権限委譲することです。

一方、ダークサイトの人事とは、労働問題や争議への対処や問題社員への対応など一筋縄ではいかない人事関連の領域です。

ブライト、ダークともに総支配人の範疇ですが、多くの時間を割くことになるのは「ダークサイト」です。なぜならば、ダークサイドの多くは人事部では手に余ることが多く、ホテル最高責任者としての判断を求められることがあるからです。

労働集約型であるホテルでは、人事から逃げ出すことはできません。ダークサイドで扱う案件は、一つひとつを丁寧に、そして事情によって専門家の助言を得ながら進めることも必要です。

労働問題を防ぐために、日頃から意識的にコミュニケーションをとり、スタッフの意見に耳を傾け、自身の考え方などを伝えていくことです。例としては、「GMテーブル（総支配人主催のカジュアルな会話。テーマは自由に設定し、コーヒーやお菓子などを楽しみながら、小グループで会話を一時間程度実施する）」や、「タウンホール（全スタッフ参加での総支配人との意見交換会。対話集会）」などの場を定期的に設けて不安や不満の解消を図っておくことが重要です。

経理関連のインプット

財務三表の理解に努めます。財務諸表はいわば、レントゲン写真です。各指標について意図をもって解読していくわけですが、まずは損益計算書の理解に努めるべきです。ポイントは比較から生じる差額の理由の掌握です。比較対象となりうる数値、すなわち予算や前年同時期の額と実績の差額、そして売上や経費、利益の各項目の比率の整合性を中心に把握を進めます。利益が出ているのか否か、そして良いにしろ悪いにしろ、その原因は売上からくるものなのか、あるいは費用からくるものなのかの分析が重要です。

損益計算書の確認は、現在進行年度の単月のみならず累計での評価も行ないます。また過去三～五年を遡り、各年度の傾向を掴むとホテルが営業的にどのように推移してきたのかが立体的に見えてきます。

貸借対照表については年度での比較が有効ですので、前期（前年）との額の増減に目をやり、その原因を探ります。また、資産の部にある「売掛金」と「在庫」の項目に注目しましょう。この二項目の増加が顕著な場合、要注意です。

「売掛金」の額の増加は、資金の回収が遅れているか、売上が増えていなければ増加しないのがセオリーです。「売掛金の回収が滞っていないか」、「売掛金が増加するほど売上が上昇しているのか」を確認しましょう。

もう一つは「在庫」。在庫は料飲原価率の調整の隠れ蓑になりやすく、また一方で不良在庫の証左になります。前年対比で棚卸在庫の額が増加しているようであれば黄色信号とし、内容の精査を実施すべきです。最低限、この二つの項目はその内容を含めて押さえる必要があります。

最後はキャッシュフロー計算書となりますが、これは損益計算書と貸借対照表に連動した結果としての計算書となります。何度も申し上げますが、ビジネスを行なう上での大原則は「Cash is King」、「現金こそが王様だ」ということです。損益計算書、キャッシュフロー計算書における一カ月の想定運転資金額（人件費、原材料や一般経費の支払い額、家賃など）を一〇万円単位で頭に置きつつ、現金残高を認識してください。これによりビジネス悪化時において、現金不足のタイミングの目安なども算段を可能とし、必要な資金要請を検討する際の参考となります。

そのほか、次のような項目にも目を向けておく必要があります。

① オーナー会社を筆頭としたステークホルダーへの提供が必要な財務指標のレポート作

成の内容やタイミング

② 館内での購買活動と接待交際費の発生や国内外の出張など、おおよそホテル内外で行なわれる取引について必要な承認ルートと最終決済権限など

③ ハウスキーピング、スチュワーディング、テナントなど、外部取引先との大型契約の業務内容、契約金額と期間

営業・マーケティング関連のインプット

あらゆる角度から多くの要素をつかむ必要があるのが、営業・マーケティングの状況です。人事や経理などは、ホテル内でのハウスルールや歴史など、内向きの事項が多いのに対し、営業・マーケティングは、外向きの要素、つまり、市場、顧客、競合との関係などが含まれます。公開されているデータや提供される資料を参考に、分析し、更には独自の視点をもって理解を進めることを念頭においてください。

理解にあたり外せないのは、マーケティングの手法であるＳＷＯＴ、３Ｃ、４Ｐといったフレームワークです。まずは自社の現状や置かれている環境を、複数のフィルターを通し、主観的・客観的な視点を交えて眺め、また担当者などからヒアリングをしつつ、大事を理解し、細

部へとドリルダウンしていくことをお勧めします。

「SWOT分析」は、内部リソースの強み（S）と弱み（W）、そして外部を見据えた機会（O）や脅威（T）をハイレベルで捉えるものです。最初は総支配人としてではなく顧客の目線になり、先入観なくホテルの強み、弱み、機会、脅威を書き出し、その後、総支配人としてのこれまでの経験を踏まえて、強み、弱みの項目については、更なる改善に向けてコントロールできそうな事柄は何かを検討します。機会、脅威の項目については、それが起こり得るタイミングや発生した場合の影響などの仮説を立て、ヒアリングに臨まれることを勧めます。

「3C分析」では、自社（Company）としての特徴を認識し、競合他社（Competitor）は誰なのかを知り、顧客（Customer）のNeedsとWantsを探ります。この分析時においては、自身が外部コンサルタントになりきり、ホテルへのアドバイスや提案をするつもりでまとめてみてください。それはすなわち、あなたがすぐに打ち出せる施策になる有用な提言になっていく可能性があります。

そして最後にマーケティングの「4P」です。ホテルの商品（Product）の特性を明確にし、適正な値付け（Price）を行ない、流通（Place）にのせ、販売促進（Promotion）を実施することをイメージし、現在の状態との比較をします。

こうした分析レビューを通して営業・マーケティングの戦略を自分なりに構築していきます。すべてにおいてそうですが、担当者からのインプットを鵜呑みにせず、自身の新鮮な視野があるうちに仮説を持つのは大変重要です。

実際のヒアリングにおいては、次のような資料を要請します。

▼ホテル営業戦略
▼プライシングリスト（プライシングの決定プロセス）
▼過去三年分の稼働率／ＡＤＲ/RevPARと料飲関係ＫＰＩ
▼宿泊・料飲（レストラン、宴会別）における直近三カ月の予約状況
▼宿泊セグメントとソース（トップセラー、トッププロデューサー）
▼宿泊・料飲における競合他社分析
▼国別、地域別来客データ
▼法人契約一覧（海外、国内）

▼セールスマン別パファーマンス分析
▼ＶＩＰとゲスト情報
▼出張計画
▼商談会、展示会参加計画
▼ロードファクター（航空会社関連データ）
▼セールスツールキット
▼ホテル年間イベントカレンダー
▼オンラインマーケティング活動
▼会員制度概況
▼ソーシャルメディア関連活動
▼メディアコンタクト

運営関連のインプット

現状把握のヒントは、顧客のコメントから多くを得ることができます。基本となるサービスレベルと施設の状態、そしてチェックイン・アウトでのストレスやハウスキーピングの完成度や品質、「3B」といわれる「Bed、Bath、Breakfast」の評判、あるいはネットワーク環境の優劣などは、口コミの閲覧から得られます。

こうした顧客満足度調査の結果を踏まえた上で、実際にホテル館内の巡回によりスタッフの表情や立ち振る舞いなどから醸し出される印象や、更には五感に訴えられるホテル全体の雰囲気（音楽、照明、香り、清潔感）を肌で感じ取り、また施設や機材の経年劣化の状態などを、総支配人の視点で観察し、ホテルというプロダクトの状態を把握します。

一方で、スタッフの人繰りの状況や外部委託先の関係性、フロントやラウンジでのアクティビティやアップセルのプログラムなどの進捗、そして外せない要素である安全と衛生についての理解についても追及します。視線はどうしてもＦＯＨ（フロント・オブ・ハウス）だけに行きがちですが、総支配人としてはＢＯＨ（バック・オブ・ハウス）の環境が整っているかどうかも精査する必要があります。

ロッカールーム、シャワー、休憩室、看護室、仮眠室、ユニフォームセンター、研修ルーム、それに加え従業員食堂や喫煙所など、ＢＯＨといえどホテルには多様な機能がありますので、その利用頻度や維持状態、過不足などを確認します。

最終的にはＦＯＨ、ＢＯＨ問わず、不十分な部分を見極め、評価し、修正を施すという「ホテルドクター」という役割を総支配人は果たすべきなのです。また、場合によっては根本的に作り直す（スクラップ・アンド・ビルド）という行動を伴う判断をすることも出てくるでしょう。

顧客満足度向上はもとより、従業員満足度の向上と共に、生産性を高めていくことに重きをおいて推進することを念頭に臨んでください。

下記がヒアリングの際に必要な項目となります。

▼顧客満足度調査結果
▼VIP、ゲスト情報（アメニティや担当者）
▼運営上での強み・弱み分析
▼エネルギーに関するレポート（水道、ガス、電気）
▼安全・危機管理に関するレポート（防災訓練、避難訓練）
▼衛生・HACCP関係レポート
▼ハウスキーピング、スチュワーディングなどの状態確認
▼アップセルプログラムの進捗状態
▼環境保全への取り組み

総支配人就任者のバックグランド（過去の職務）で、統計的に一番少ないのは、施設管理です。施設管理は技術的な側面を含め専門性がかなり強く、ハード（建物）が非常に重要なホテルビジネスなのに、この分野を完全に掌握している総支配人は少ないというのが実情です。

総支配人が押さえるべき施設管理のポイントは次の通りです。

施設関連は、「ハード」の基盤となる部分と、「安全」に関する部分に分かれます。特にゲストが館内に入館してから退館までの導線に注目する必要があります。入館時に感じる冷暖房の空調、館内の臭気と連動する排気などを確認してください。

客室では、給排水といった水回り、ライティングを始めとした各種電気類、さらには、今や最も存在感が大きいＷｉｆｉ、ネットワーク、通信のＩＴ関係も要チェックです。また、火災などの有事の際に必須となる館内放送やアラーム、スプリンクラー、ＣＣＴＶ、コージェネレーションなどの緊急時の施設などの状態の確認も不可欠です。こうした部分は、ゲストのホテル滞在体験に直結しますので、総支配人自身が修繕や操作できなくとも、状態を常に把握しておくべきです。

最低でも左記の項目は施設管理と警備担当者を通してでも総支配人としての認識が必要です。

「施設」関連

▼電気関係
▼給排水や水回りエリア
▼空調
▼ＩＴ関連
▼廃棄物処理
▼ＢＯＨにおける施設の状況
▼施設設備関連の経年劣化や法律、条令への準拠状況

「安全」関連

▼全館キーコントロール
▼消防設備やＡＥＤの設置状態
▼アラームや館内放送関連
▼非常階段の状況
▼ＣＣＴＶの稼働状態
▼緊急時の連絡体制（館内電話含む）

▼外部来館者の受け入れプロセス（入退館の際の手続き）

どんなに目線が高い人でも、慣れてくると人の目は曇ります。誰でも時間の経過と共に視線はおろか思考も日常化し、一〇〇日も経てば、疑問が疑問でなくなることはままあることです。就任当初に見て感じた印象や疑問は、その後に自身がとるべき改善策のアクションプランと共に必ずメモに残し、三〇、六〇、九〇日ごとのタームで見直してみてください。それにより改めて意外な発見や解決策があったりします。面白いもので、自分を助けるのは過去の自分だったりするのです。繰り返しますが、人間の視線も思考も枯渇します。最初の一〇〇日間は、長いようで短く、新鮮な感性はこの最初の期間にだけに存在します。

ホテルには、新規開業、改装工事再開業（リノベーション）、ブランド変更開業（リブランド）、そして既存営業中ホテルの引継ぎといくつかの状況があります。どのタイミングで総支配人職にアサインされるかはわかりません。

究極的には新規開業でも営業中のホテルでも総支配人職にアサインされた場合にやるべきことに本質的な差はありません。どの段階でのアサインでもホテルの状況を認識し、大きな絵を描き、チームをドライブするための最初の一歩を可及的速やかに、そして適切に踏み出すことが重要なのです。

総支配人秘話①『嵐を呼ぶ男』

「福永さんが動くと、ろくなことが起きない。今の場所で静かにしていてくれ」
　私は以前、先輩の総支配人から冗談半分にこんな注意をされたことがあります。

　実際に私が動くととんでもないことが起きてきました。仙台で総支配人を務めた時は赴任3日前に東日本大震災が起こり、台北赴任の際には予定月の1ヶ月前よりコロナ禍が発生。大阪赴任の際は、所属会社が売却され、所属元が消滅する（実際は吸収合併される）という憂き目に遭いました。震災や疫病については、未だ苦しんでいる方もいらっしゃると思いますので言葉を慎みますが、それぞれが前代未聞の出来事でしたから、総支配人として渦中に飛び込むのは、正直精神的にも非常にきついものがありました。

　特に脳裏に鮮明に焼きついているは東日本大震災です。東京から仙台への移動にあたり、東北新幹線は動いていませんでしたので、レンタカーを使って新潟経由で仙台入りしました。情報が少なく、現地の状態も把握できず、道中は心細さだけが募りました。何度も東京に引き返そうと思いました。半日近くの運転を経て、やっとの思いで仙台に到着。ホテルの従業員専用駐車場で車を停めました。車から降りた瞬間、びっくりしました。なんと、大勢のスタッフが出迎えに出てきてくれていたのです。スタッフの多くが、不安の表情を滲ませていました。そして、スタッフたちが感極まって、こう言ったのです。

　「震災で、こんなことになっちゃって、正直、来てくれないと思っていました。本当に来てくれたことに驚きました。来てくれて本当にありがとございます。私たちは、ずっと福永総支配人についていきます。なんでも言ってください！」

　こう言われたとき、私は総支配人として、リーダーとして覚醒しました。腹が座った瞬間でした。ホテル業界の大先輩に、以前「1度や2度は、人生を賭ける仕事や場面に直面することがあるんだ」と言われたことがあります。私自身の仙台の経験からも、この言葉に同意します。
　また、奇しくもその仙台でお会いした作家の中谷彰宏先生もこう言っています。
　「ヒーローになるためには、ピンチが必要なのです」
　己のプライドを懸けて戦う機会は突然やってくるものです。そのとき、どう立ち居振る舞うかで、あなたの人間力が問われるのです。

第五章　総支配人の三六五日

総支配人に限らず、誰にでも唯一、平等に与えられているのが「時間」です。ただし、労働時間を切り売りする時給勤務者でなく、価値を創出し、提供することにより対価を得るという立場の総支配人にとっては、時間の利用法は他者と平等ではありません。

従っておのずと一日、一週間、一カ月、一年間の使い方や関わり方が違ってきます。「時間を制する者は全てを制す」という金言があります。総支配人にとっても時間は最重要な資源であり、有効活用することが総支配人としてのパフォーマンスに直結します。

本章では、総支配人に与えられた三六五日について、それぞれの時間軸でなすべき行動を提案していきます。これらを参考に、最善の三六五日を計画してください。その日の気分や環境に流されたままですと、時間はあっという間に経過してしまいます。計画後はパソコンなどのリマインダー機能を利用し、自ら行動を律し、時間管理を実践して下さい。

総支配人の一日

「神は細部に宿る」。三六五日の単位を日にちで数えるとすれば、細部となる最小単位は一日となります。

日々を積み重ねて一年間を作り上げていきますので、小事・大事を成すにあたっても一日は大切な単位となります。ゲストへの挨拶や対応、スタッフのケアや信頼関係の構築、そして施設管理に至るまで、総支配人にとっての大事は今、その瞬間であり、いかに一日を効果に使うかに注力すべきです。

一日という時間単位で意識すべきは次のような項目です。

①館内巡回の実施

館内巡回（Management by Walking Around）こそが、ホテル運営の基本であり本質です。総支配人室に閉じ籠っていてもホテルの真実は見えません。

ホテルのメインステージであるＦＯＨ（フロント・オブ・ハウス）での目配りや気配りはもちろんのこと、ＢＯＨ（バック・オブ・ハウス）を含めた館内の隅々を歩き、五感を駆使し、自らの目で、耳でその息吹のすべてを感じてください。

巡回にあたり、時間帯を決めた定点観測は有効です。チェックインやアウト時の喧騒、レストランの混雑具合、ロッカールームの煩雑状態など、同じ時間帯、同じルートで見ることにより、比較や違いを見つけることができます。また異常の発見や問題点を炙り出すこともできます。

その一方で、それとは別に気の向くままにまったく違う時間や観点で館内を巡回することも必要です。それにより普段見えていなかったものが見えることもあります。定時・定点と異時・異点のバランスを取りながら実施ください。

独自のチェックポイントの観察も必要です。客室廊下でのハウスキーピングの動き出し、レストランでの朝食の時間帯などでマネジャーや時間責任者が、普段通りの動きをしていない場合などは、何らかのトラブルが発生している可能性が高く、また人繰りが間に合っていないといった本質的な課題が浮上している予兆かもしれません。

いずれにせよ、状況を察知し、ヘルプの必要性の確認、状況により、タイムリーにサポートを派遣できるかなどの行動力が、巡り巡ってホテルのゲスト満足度の維持・向上や、スタッフからの信頼獲得に結び付きます。

そして巡回時にはゲストのみならず、スタッフに挨拶や声掛けをし、彼らの熱意と情熱を鼓舞します。また、外部取引先から就労しているハウスキーピングや館内清掃、駐車場警備員などにも声を掛けることにより、ホテルスタッフが普段、気付かないことなどの話が聞けることもあります。そうして吸い上げた意見が、ホテルをポジティブな方向に向かわせるヒントになります。毎日の館内巡回は、総支配人にとって宝の山なのです。

②顧客コメントの確認

コメント、フィードバックは、ゲストからの最も尊い贈り物であり、真実を知る瞬間です。心が奮い立つ、ホテリエの仕事を誇らしく感じる瞬間にもなれば、ホテルに対する厳しい声を頂き、沈んだ気持ちになる瞬間もあります。コメントにはポジティブ、ネガティブの両方がありますが、いずれにしても、貴重な贈り物であることには変わりはありません。耳が痛い意見については、成長に欠かせない痛みとなります。適切なフォローアップや改善に向けて速やかに対応してください。

またコメントには、スタッフの対応やオペレーションの質といったソフト部分と、客室やレストランといったハード部分があります。ここで重要なのは分類です。グッドコメント、バッドコメント、そしてソフト部分なのかハード部分なのかを大きく四象限のマトリックスに区分します。また、ソフトでも宿泊なのか料飲なのか、あるいはそのほかのサービスなのかをしっかり認識した上で対応を検討します。

現在では、感想やコメントは、SNSや口コミサイトでシェアされ、瞬時に拡散されます。こうしたゲストレビューの対応に、多くのホテルが担当者を置き、「四八時間以内返信」をルール化しています。ネガティブな意見については、総支配人が自ら返信すると、真摯な姿勢を見せることができ、逆に信頼度を勝ち得ることにつながることもあります。

ネガティブな意見、不満を伝えるレビューについては、改善に向けてスピード感をもって対応することが必須です。指摘されているにもかかわらず放置していると、改善や挽回の機会を逃すだけでなく、ホテルの評価や推薦ランクを落としてしまいます。

信頼を勝ち得るには多くの時間を要し、失うのは一瞬です。どうせ行なうのであれば、「一刻も早く」が鉄則です。

またグッドコメントについては、それを成し得た部署や個人に感謝を表し、社内表彰などの形で報いるとよいでしょう。

③コーチング&カウンセリングの活用

「コーチング」が、傾聴、観察、質問を通して相手の内面にある答えを引き出したり、気付かせたりする手法であるのに対し、「カウンセリング」は、スタッフが抱えている問題や課題に対して専門的な知識などを用いて行なわれる相談援助や解決サポートをするものです。それぞれ手法は異なりますが、どちらも、日々のコミュニケーションのためのツールです。

館内巡回、エレベーターの待ち時間、従業員食堂など、総支配人は小さな機会や短い時間を見つけてスタッフに率先して話掛けることです。「声は部下から掛けてもらえるもの」などとは思わず、自分から先に掛けてください。

会えば会うほど、話せば話すほど理解が深まり、相手を知ることができます。まとめて長時間をかけるより、日々、五分から一〇分の立ち話でいいのです。部下の理解に劇薬はありません。毎日のケアが漢方薬のように少しずつ効果を発揮します。

そして、会話の内容は業務的なことばかりでなく、ときには私的な話も含めてみてください。お互いの理解が進み、精神的な距離が縮みます。組織が大きくなればなるほど、個人のことは忘れがちになりますが、それでもスタッフ個人に興味を持ち、家族、趣味、将来のことなどを話題にし、コミュニケーションを図れれば、親近感もわきますし、また相手も嬉しいものです。

筆者にはこんな経験があります。以前所属していたホテル会社のアジア太平洋地区の全体会議での休み時間中、それまで挨拶程度の会話しかしたことのない社長から呼び止められ、筆者の個人的な話を持ち出されました。正直、驚いたのですが、個人的な件を憶えていてくれたことに対し、決して嫌な気はせず、むしろ、畏敬の念を抱きました。

実はこの社長のみならず、ポジションが高い方、偉い人は、得てしてこういう細かい気遣いや、小さいことを良く覚えているものです。そういう細かいことを大切にしているからこそ人間的に尊敬され、ビジネスでも成果を残せ、結果として偉くなれるのです。

④緩衝時間（バッファ）の設定

日中のビジネスアワーには、次から次へと問題や課題という名の実弾が飛んできます。弾を見極め、避けたり、受け留めたり、必要であれば撃ち返したりと、総支配人の一日は、あっという間に過ぎ去ります。

しかしそうはいっても、一日のスケジュールにまったく余分がないとしたら、そのスケジュールは見直したほうがよいでしょう。急な来客、ゲストからの突然の要望など、総支配人の日常には「びっくり箱」のように予測不能な事案が飛び込んでくるからです。自身でコントロールできない突発的な事態への対応のために、毎日一時間程度は意識的に自身の時間をブロックすべきなのです。

これは、いわゆる「プランB」と呼ばれる予備的な考え方ですが、ブロックした時間を使わないで済めばそれに越したことはありません。それを含めて時間の確保をしておきます。利用しないで済んだ時間は自身の時間です。フロントに立ち、ゲストへの挨拶や接客オペレーションのチェック、あるいは普段後回しにしがちな事項に活用しましょう。

「時間がない」という愚痴を、つい言いたくなることもあります。しかし、「時間がない」という状況は言い訳でしかありません。ビジネスリーダーである総支配人は自分で時間を作り出すものなのです。

総支配人の一週間

一年間は五二週間です。総支配人にはこの後、紹介する項目をそれぞれ五二回、実践する機会が与えられています。ここでは、一週間という時間単位を戦略的に活用するポイントをお伝えします。

①営業、マーケティング、レベニューマネジメントへの注力

「売上額」というＫＰＩ。これがホテルの最大のドライバーであることは間違いありません。そして、総支配人としての任務における最重要項目となります。

日々の営業実績や結果に基づき、現況の行動を振り返り、改善を模索し、次への一手となる戦術を策定します。また、将来のアクションのために、ＰＲや追加の販促の必要性、今後の値決めなどをしていくために知恵を絞ります。

総支配人は、宿泊、レストラン、宴会をはじめとした売上のすべてに責任があります。営業

的な方向性を打ち出し、ホテル全体の相乗効果を生み出し、売上を最大化することに注力します。

②GMテーブルの開催

前章でも紹介しましたが、総支配人としてスタッフに向き合う時間をつくり、スタッフの息吹を感じる機会を自身の時間割に組み込みます。普段は見られない、見過ごしているスタッフの表情、感情そして経験や特技などを見つける貴重な時間となります。従業員食堂などでランチを一緒にとりながらというスタイルでも結構、効果的な方法を試してみてください。

③安全安心の担保

設備、施設というホテルのハード面、安全・警備並びに衛生というソフト面の双方に目を光らせることも総支配人の重要な仕事です。日々の館内巡回で得た情報とゲストコメントをもとに、施設担当者と共に重点事項の洗い出しや対処の時間を持ちます。

設備については、年度計画に沿った工事や改修の進捗の確認と臨時、緊急的に発生した作業などが伴う事案に対し、優先順位と予算の確保を確認します。「資産価値を高める改修」、「売上や顧客満足度向上に寄与する改修」、「法令順守のための改修」という三大理由のほか、やむにやまれぬ修理や予期せぬ故障など複数の事案があります。

安全・警備は、ハウスフォンやゲスト用のエマージェンシー連絡機器、消火器、AED、CCTVといった機器の動作確認から始まり、各種避難口、ヘルメット、拡声器、ライト類や館内連絡機器、トランシーバーなどの在庫確保と動作確認も必須です。

衛生については時期によって重点項目が若干左右されます。年度では害虫駆除の計画と夏期の気温上昇時には腐敗や鮮度の確認を中心とし、冬期にはウィルス性のリスクを認識した上で検便や消毒の確認をします。いずれにせよ手洗い、うがい、消毒の励行といった基本的な衛生管理は季節を問わず実践するようにします。

どの項目も時間が経てば経つほど、放っておくと意識が低下し、散漫になります。それがホテルビジネスを行なう上で大きなリスクになります。これらを時間割に組み込み、習慣化することが、ホテルを、そして総支配人を救います。

総支配人の一カ月

一カ月という期間は、レポーティングのタイミングでもあり、ビジネスの進捗を測るには最も汎用性の高い時間軸です。説明責任や情報発信という総支配人に課されている任務を念頭に、この時間の職務を遂行して下さい。

①業績の管理

まずは、損益計算書（PL）のレビューを通して一カ月のパフォーマンスを検証します。良い時にも悪い時にも、それぞれ原因があります。売上、費用、利益と三段階を分解して確認する必要があります。

例えば、売上も客室であれば稼働、ADR、RevPAR、レストランであれば入客数、単価などの各種KPIを細分化し、予算や前年同時期などの比較対象との差額や割合など洗い出し、それぞれの優劣を分析します。感覚的ではなく、客観的に起きた事象の原因や理由を突き詰めることが必要です。

ビジネスをしている以上、山あり谷ありですから、個人的には結果に対し過度に一喜一憂する必要はないと思っています。もちろん、予算や前年同時期比に対し、それを上回る実績であれば胸を張れますし、逆であれば肩身も狭く居心地の悪い気分になると思います。

結果が思わしくない場合、意識的に感情を荒げることもありだとは思いますが、それも度が過ぎると部下は総支配人の反応に右往左往し、委縮してしまいます。泰然自若な姿勢で臨み、結果と原因を明確にした上で、未来に備える時間としましょう。

②予測を立てる

過去のデータや、オンハンド（現状の予約状況）を鑑み、客室、レストラン、宴会などの売上について、Best Knowledgeを用いて予測を立てる。これは、総支配人として必須なものとなります。特に、親会社が上場会社であったり、投資ファンドであったりする場合、ホテル経営には、フォーキャストと呼ばれる三カ月先程度の予測が必要となります。

客室と料飲それぞれの売上予測が立てば、次に仕入額や人件費、営業経費を計算し、予測利益を算出します。

これにより、ホテル全体としてやるべきことが見えてきます。売上が芳しくないようであれば、挽回に向けたアクションプランの策定と行動が求められますし、必要利益の確保に届かない予測であれば、経費の見直しや人繰りに対するアクションなどの計画と実践が必要となります。勘と経験と度胸、いわゆるＫＫＤではなく、数値による整理により、チームに合理的な方向性を指し示すことを可能にするのが予測会計の利点です。

ゆえに、間違った情報や脚色されたデータなどを用いられると、誤った判断のもとになりますので、総支配人は担当者から提供されるものを鵜呑みにせず、質問などで精査をし、精度の高い予測を立てることが重要となります。

③人事を顧みる

労働集約型産業の典型であるホテルおいて、月々のビジネスで付きものなのが人の出入りです。月末（あるいは月初）に、人事担当者から当月一カ月の採用数と退職数が記載されたホテル全体の人員数と組織図を入手します。人繰りが足りていない部署はどこか、退職者が多いのはどこか、理由は何なのかを把握します。そして、組織戦略や採用のためのアクションを検討します。

総支配人は、人材採用の面接にも積極的に関与することです。面接に時間を割き、ホテルにフィットする人材を可能な限り見極めて採用することが、退職という無駄なコスト（労力や採用広告費など）を発生させない唯一の方法です。担当者任せにせず、自身の目で判断し、採用をすべきです。

採用が入口であれば退職は出口です。出口の際には何が退職理由となったかをヒアリングします。退職理由には自身が気付いていないホテル内の軋轢や普段では感じることができない真実が見えることがあります。また、直属の部下の退職などは、自身の日頃を顧みられる瞬間です。人は会社から離れたいからではなく、上司から離れたいから退職するといわれています。

次の二つを自問してみてください。一つは「あなたや、あなたの直属の部下が率いる各チームは、スタッフのケアをしているでしょうか」。もう一つは「あなた自身はあなたの部下になりたいか」です。あなた自身があなたと働きたくなければ、誰があなたと働きますか。

総支配人の一年間

一括りの単位という意味で、三六五日は最大の単位となります。ホテルの活動を大きな視点で見渡し、備える総まとめ的な時間です。長いようで短く、短いようで長い一年という時間。ここで成すべきことを整理します。

①予算の策定

予算策定はホテル運営上必ず必要な事柄です。外資系（直営）を例にとると、ビジネスカレンダーは一～一二月となります。この場合、当該年度の七月には次年度用の予算作成用のガイドラインが届き、その後二カ月程度、ホテル内で調整を繰り返した後に運営会社、そしてオーナー会社による承認を経て一〇月末くらいには完結します。

当然ながら、この時間軸はホテルの置かれている状況によって変わります。例えば、複数のホテルを所有するオーナー会社の旗艦ホテル（売上や利益を一番稼いでいる代表ホテル）の場合は、ほかのホテルの状況に応じて時期外れに更なる調整（シンプルに言えば売上や利益の増額）を求められたり、あるいはホテルグループ全体での底上げが要請されたりと、該当年度の経済状況、財務方針なども加わり完成が長引くこともあります。

作成にあたっては、過去のデータを引用の上、マーケット環境や戦略を加味した上で各種KPI（稼働率、ADR、レストラン単価、入客数など）をベースに売上を策定し、同時に売上に応じた運営上の波動を勘案して人件費を算出します。その後、必要な原価、交際費、消耗品などの一般管理費や営業費用並びに水道光熱費、施設修繕関連費用を漏れなくダブりなく加えた上で経費を組み立てます。

結果としてホテルの利益となるＧＯＰが算出されますが、この利益がオーナー会社や過去や未来の投資を補うＲＯＩ（投資利益率）などに相容れるかを評価していきます。もちろん、ホテルはNet利益で評価されるべきですので、減価償却費や支払利息などのホテル営業外費用やオーナー関連費用を賄えるかという視点もついて回ります。

こうしたシミュレーションや検討を数度経た上で、オーナー会社へのプレゼンテーションを実施し、最終的な承認を得ていくというプロセスになります。一連のプロセスは、経理部任せになりがちですが、戦略策定につながる作業ゆえ、総支配人のリーダーシップが欠かせません。

また予算策定の方法には、ほかにも「ゼロベースアプローチ」という検討方法もあります。一度、ホテルを壊し、新規に開業させるつもりになって、文字通りゼロから売上や経費を算出する方法です。これは過去に縛られることなく、明日は現在の延長という概念すら無視し、営業、運営、人事を再構築します。マーケットが混とんとする現在では求められる手法の一つとして総支配人は知っておくべきです。

②マーケティングカレンダーの作成

ホテルとしての一年間の営業的観点による行動計画を策定し、全体感を網羅するのがマーケティングカレンダーです。このマーケティングカレンダーにて、一年間の青写真を描くことも総支配人の役割です。計画なければ実行なし。細部や詳細は後で詰めることにして、一年間を思い描き、チームを巻き込んで作り上げます。

マーケティングカレンダーのもう一つの役割は、縦割り組織に横串を刺し、ホテルの連携を高め、全体のシナジー効果を高めることです。部門別組織体制をとるフルサービス型ホテルは、往々にして縦割り的な発想になりがちですが、マーケティングカレンダーを作り、ホテル全体の一年間を俯瞰することで、「自部署以外のことは分からないし、関与しない」という意識をなくすことができます。

マーケティングカレンダーの構成は、季節ごと、もしくは月別にホテル全体のテーマを掲げます。そして、そのテーマに沿ったアイデア、イベントや商品開発のコンセプトになるアイデアを持ち寄ってもらってください。

そうすることで、より具体的なアイデアが出てきます。幼児に「なんでもいいから絵を描いて」といっても描けない場合が多いのですが、「青いものを描いて」とか、「動物を描いて」と具体的な対象を提示すると、手が動き出すものです。ビジネスも同じです。なんらかのヒントがないと発想が広がりませんし、仮にアイデアが出てきたとしても、統一感のないバラバラのアイデアばかりになります。

カレンダーを用いることによって、一年間の動きの予測を可能にし、かつタイムキーパーとしての役割も期待できます。方向転換の際の資料にもなり得ます。さらに一歩進んで、営業やマーケティング、人事活動、施設改修計画や経理関連などのバック部門で行なう活動もカレンダーに加えることにより、ホテル全体の運営年間カレンダーにも昇華させることができます。

③K点越えを目指す

以前は、「K点」の意味するところは「極限」であったそうですが、現在ではKの意味は「基準」に変わっているようです。ホテルでの予算を「基準」とするのであれば、総支配人たるもの、従前の意味での「K点」、すなわち「極限越え」を目指しましょう。「予算」は存在するものの、オーナーはそれを超えることを期待しているからです

売上向上の機会の創出、経費の削減目標など、焦点項目を箇条書きにし、目標値を定めます。乾いた雑巾を絞って、もう何も出てこないところを、さらにもう一度絞るような行動目標と、聖域なき改善となりますので、売上にせよ、経費にせよ、今までとは違った視野を持って柔軟な検討を要します。こうした内容を事前に吟味しておくことは、有事の際、総支配人の〈隠し玉〉になります。

「K点越え」の対象は、財務的な指標だけでなく、顧客満足度など、ホテルの主要なKPIも該当します。頭の体操を兼ねて、ホテルの持つポテンシャル、自身とホテルの限界点の突破を目指し果敢に攻めて下さい。

④契約書の見直し

ホテルビジネスにおいて、契約は無数に発生し、その契約の数だけ契約書があります。ホテル会社のポリシーなどによって、当初の契約期間は三年間程度で、その後は一年ごとに契約内容を見直す条項を交わすといったことはよくあることです。そうした契約書は、最低でも一年ごとにその内容の良し悪しや継続の有用性を検討しましょう。

その際に注意すべきは、契約解除に当たる事前のNotice期間です。この期間を見過ごすと契約の破棄や他社に乗り換えようとする際の障壁になってしまいます。その多くは半年前Noticeが多いので、契約の確認、見直しをするのは契約満了直前ではなく、半年より以前に精査をすることが求められます。

見過ごすことがないように契約書の一覧表を作成し、契約会社名、契約内容のほか、契約満了日も記載します。特に金額の大きな契約書は、十分な注意が必要です。

またホテル運営や営業に関する契約とは別に「ホテルの業務委託契約書」（通称、マネジメント契約やフランチャイズ契約）にも目をしっかり通すべきです。これには、開業以前に結ばれた契約もあり、無下に解約できないものもあります。

⑤休日を楽しむ

最後に総支配人の休日について触れます。総支配人であるからこそ、休日・休暇は必須です。これも仕事の一部と認識してください。

公人としてホテルに立つ際は、強く、タフに、明るく、思慮深く、そして姿勢よく存在する必要があります。よって、総支配人職は楽ではありませんし、どんなに強靭な体力をもっていても疲れは蓄積し、そしてアイデアは枯渇します。現代は、モバイル機器によって、休日でも、責務から逃げたり隠れたりできない環境ではありますが、それでもホテルを離れて全力で休むことです。また年に一度の健康診断も必須です。

一年間の波動が比較的小さい都市型ホテルと、繁閑の差が激しく生じるリゾートホテルとでは、同じ一年間でも時間管理や休日の取り方も違ってきますが、いずれにしても、自身の意思とは関係なく時間管理が難しいのが総支配人という仕事です。

いかに必要な時間を確保し、それを有益に使うかが成否の分かれ目となります。そのためには、タイムマネジメントの概念も頭に置きつつ、自分なりの時間確保に努めます。タイムマネジメントは、重要度と緊急度の関係性をベースに次の四つにて区分、整理すると良いでしょう。

⑴重要度が高く、緊急度も高い

四つの領域の中で優先度が最も高く、すぐに手をつけるべき項目となります。突発的な重大なゲストコンプレインや急なオーナー会社からの依頼や要請、さらには災害などの有事のリーダーシップなどがこれに該当します。「今、そこにある危機」である問題や課題の解決にあたります。

⑵重要度が高く、緊急度は低い

ここは、実は大変重要な領域なのですが、緊急性が低いこと（という思い込み）や日頃の忙しさにかまけて、先延ばしになってしまいがちな部分です。総支配人でしか成し得ない中長期のホテルの戦略の見直しや人材育成のための時間、あるいは「ＢＣＰ（Business Continuity Plan）」と呼ばれる事業継続計画の策定などです。検討や完成に時間を要してしまうために後回しになってしまうことが多い事案ですが、これらはホテルの品質や成長を高めるには必要なことばかりですので、時間の捻出が必要です。

⑶重要度は低く、緊急度は高い

日常業務のほとんどは、ともするとこの項目に該当します。すなわち、それほど重要でないメールや電話への回答から始まり、中身のない会議、効果の期待できない単なる付き合いなど、総支配人としてその業務をこなしているつもりですが、時間ばかりが消費されるけれど果実は少ないという事案です。

⑷重要度は低く、緊急度も低い

ずばり、時間の無駄で、総支配人としては避けたい浪費の領域です。時間を無為に持て余す待ち時間などが、その代表となりますが、できる限り排除したい時間です。

四つの区分のなかでは、⑵が総支配人とって最重要であることを認識し、この時間をいかに確保するかを検討すべきです。ホテルそのものや仕事の質を高めること、そして日頃の問題や課題について根本的原因の解消に向けた思案をし、それに基づいた行動を起こすことにより、同じく重要である⑴での負担を軽減できる可能性もあります。そうした意味でも、⑵はビジネスリーダーである総支配人の最高の味方となります。

第六章　ミーティング

ホテルの総支配人は、一年間に何件のミーティングに参加しているでしょうか。おそらく数えきれないくらいのミーティングに参加していることと思います。

事件は会議室でなく、現場で起きているのは周知の事実。ミーティングの数が不必要に多かったり、時間が無駄に長かったりすることは非生産的です。しかしながら、各種の課題について議論し、意思統一を図り、起きている事象のシェアを行なうなど、チームを円滑に機能させるためには、ミーティングは欠かせません。

また、ホテルに限らず組織は大きくなれば大きくなるほど興味の対象は自部署のみ、あるいは自分の身の回りのみと、視覚狭搾になりがちです。単なる儀礼的な時間の浪費ではなく、建設的かつ効率的にミーティングを運営させていくのも総支配人の仕事です。

ホテルの規模やタイプによって、ミーティング数やフォーカスポイントに違いはありますが、そこで論じなければならない内容には大差ありません。

ミーティングのグランドルールは次の通りです。

①目的を明確にする

情報交換、発表会、何かを決める、ワイガヤ（ワイワイ、ガヤガヤのブレインストーミング）など、単なる時間の浪費にならぬように目的を明確にします。「その会議で何を決めるのか？」あるいは「何を論じるのか？」を事前に参加者に明示しましょう。目的なき会議は時間の浪費です。

②時間と場所の特定

開始時間を決めることは当然ながら、終了時間も決めることです。そして、その時間を厳守すること。あってはならないのは「全員が揃うまで待つ」ということ。時間通りに来た人が遅刻者を待つような理不尽は、ビジネスとは言えません。定刻の開始を徹底し、終了予定時間通りの進行を心掛けます。

③参加者を明示する

誰が参加するかを参加者全員にあらかじめ伝えることです。そして参加者には、会議への発言を含めた参画を求めます。意見や発言をしないのは、参加していないのと同じです。参加を要請されたのであれば、その役目を果たす任務があります。

④役割分担

議長やファシリテーター（司会役としてミーティングそのものを取り仕切る役割）、タイムキーパー（経過時間のアナウンスや、およそ終了一五分前に結論などの決定を促す役割）、書記（議事録を作成する役割）など三人の任命は必須です。

⑤議事録

議事録が発行されない会議は会議とは呼びません。終了後には速やかに議事録を発行し、誤解のない意思疎通の確認と、必要に応じてフォローやアクションをします。ミーティングは発表会ではありません。最重要なのは「決めること」です。そして議事録の発行されないミーティングはミーティングとは言えません。「言った」、「言わない」などの不毛な争いの回避のためにも議事をとり、速やかに発行し、必要なアクションやフォローアップをしてください。成果につなげるのがミーティングの目的なのですから。

ではこの後、ミーティングの種類とやり方を紹介します。

部門長ミーティング

部門長ミーティングは、ホテルの最高意思決定の場になっていることが多いです。議長は総支配人が務め、各部門長の出席のもと、週一回程度実施されます。それぞれが行なうべき事項やトピック、各部署への協力事項などをラウンドテーブル形式で共有します。また議事録をもとに、前回から残された課題や保留事項の進捗確認も行ないます。そのほか、各週で次のようなテーマを定めて、議論や相互理解を深めます。

①一週目に、前月分の月次報告としてホテルのＫＰＩを中心とした業績のシェアや損益計算書分析を実施の上、振り返りや反省と共に今後の営業的戦略、コスト管理などの方向性を確認し、現在の運営や将来のアクションに活かします。

②二週目は、顧客満足度について一カ月を総括し、定性的な視点に立ち、主にサービス面や建物施設関連のバッドコメントを中心とした懸念事項、そして内部からの意見として他部署から見た際のホテルの現在を検証し、改善計画を立て、顧客満足の向上に努めます。

③三週目は、当月よりの三カ月予測（フォーキャスト）についてレビューします。当月の残りの日数でさらに利益を残すために何ができるか、そして翌月の予約状態から導き出した予測売上の達成に対して必要なアクションを実施します。

④四週目は、テーマを特に決めずフリーディスカッションの時間とします。スタッフの満足度向上について、地域社会であるコミュニティに対する関わり、ホテルに限定しないマーケット情報、環境問題や安全衛生への取り組みなど多岐に渡る話題を扱いながら、それぞれが持つ経験や英知を持ち寄り、ホテル全体がよりよくなるための時間とします。

その週に入社したスタッフの紹介も行なうとよいでしょう。

また、優秀スタッフの表彰選考を実施し、全員の前で表彰する取り組みも有効です。スタッフのモチベーションの向上や、組織としての一体感醸成の方法の一つとなります。

ホテルの将来の幹部候補や、ハイポテンシャルなスタッフをこのミーティングに招き入れ、議論に参加させるのも、教育的観点から非常に有益です。

デイリーオペレーションミーティング

その名の通り、日々のホテル運営について、情報の共有や意思統一を行ないます。参加者は総支配人のほか、運営担当（宿泊と料飲）、営業、経理、人事、施設管理など、日々ホテルの運営をリードするメンバーが中心となります。

ミーティングの冒頭で、まずはファシリテーターが前日と当日の状況について伝えます。宿泊関連情報としては、前日の稼働率やＡＤＲ、当日の稼働率とＡＤＲ、そしてＶＩＰゲスト、グループなどの到着情報を共有します。

続いて料飲部からは、レストラン予約や宴会、婚礼の情報を共有します。また営業部は、予算に対する進捗を踏まえた上で当日の数値的営業目標を明確にし、営業活動や館内ショールーム、あるいはホテル内催事の有無を周知します。

バック部門は、経理にて前日分と当月累計の業績を発表し、人事は新たに入社したスタッフの情報やトレーニングなどの人事イベントを告知、施設管理は補修や工事計画などの連絡をするのが一般的です。

そのほか、社訓やホテルの信条、行動指針などの唱和の実施や、参加者各自のサービスやホスピタリティに対する経験談や想いを披露し、その日一日に何を実践すべきかの宣誓や内省を促す仕組みなどを取り入れて共通価値観を高めているホテルもあります。

「ローマは一日にしてならず」と言います。日々の地道な積み重ねがそのホテルのスタッフ個人の行動に影響を与え、ホテルの社内文化をつくり上げることになります。

デイリーオペレーションミーティングの内容は、ルーティン化されていきますが、ホテル運営は三六五日ノンストップですので、毎日の速やかな情報伝達と、それぞれのなすべき成果の確認は、ホテルとしての結束を高めます。

デイリーオペレーションミーティングは、朝に行なわれることが多いのですが、午後四時という夕刻に開始していたホテルも筆者は経験しています。朝ですと、当日の早い段階に発生する事柄（早朝のチェックアウト、早朝に行われる宴席など）に対応できないというのが、その理由でした。夕方に実施することにより、当日の夜と翌朝への対応に慌てることなく備えられるのです。

売上（営業）ミーティング

総支配人、営業担当と収益管理（レベニューマネジメント）、宿泊や料飲、予約担当者などが参加し、向こう三カ月程度に焦点を当て、営業対策を行ないます。

①宿泊については、基本情報となる現時点での予約ペースを筆頭に、セグメント別（個人なのか、グループなのか）、ソース別（自社ＨＰ経由なのか、ＯＴＡ経由なのかなど）、当館と他ホテルの売値の比較、競合他社の販売状態、国別や地域別の予約者数などを総合的にレビューし、営業の現状を確認します。

②料飲については、レストランであれば店舗別、ミールピリオド（朝・昼・夜）別の予約状況を確認し、プロモーションやメニュー変更についての対策も行ないます。また宴会では、予約件数や単価と参加人数などを踏まえて、さらなる件数の獲得と各案件でのアップセルの可能性を探ります。料飲での注意すべき点は予約のリードタイムの違いであり、レストランはおおむね二週間と短い期間に予約が行なわれるのに対し、宴会はやや長く、六カ月程度の期間の推移を見据えての分析が必要になります。

③そのほか、ホテルに付帯するスパ、駐車場、各種スポーツ施設などの状況にも目を配り、施設単体の売上もさることながら、メインプロダクトである宿泊や料飲施設との連携をいかに引き出すかに注力します。

営業マンの個別の営業成績である決定率や獲得件数などの詳細も確認します。継続的なセールストレーニングを通し、バラつきのない体制づくりを進めるほか、館内外のイベント、フェアの企画やショールーム用の営業シナリオを統一するなど、ホテルの売上最大化を図るために英知を持ち寄ります。

人海戦術や飛び込み営業といった昔ながらの営業手法が残るホテルも散見します。これらを端から否定はしませんが、営業の力を効率、効果的に発揮するためにもメンバーシップを有するホテルであれば、メンバーとリピーターゲストの囲い込みと活用、そしてＣＲＭ（Customer Relationship Management）の考え方をベースに、戦略的に顧客へアプローチし、末永い良好な関係構築するための仕組みづくりを行なうことが大事です。

マーケティングミーティング

これは、マーケティングの基礎となるマーケティングミックス（４つのＰ）を主軸に、自ホテルの強みと環境を認識し、選ばれるホテルを作り上げるためのミーティングとなります。

①Product

宿泊プランのラインナップは過不足がないか、そして時流に合っているか。また、レストランのメニュー構成や商品のデザインやパッケージの品質は自ホテルのスタンダードに沿っているかなどを総合的にチェックします。顧客起点による「マーケットイン」的発想の商品開発にせよ、ホテル独自の方針や提案による「プロダクトアウト」的発想の商品開発にせよ、顧客が価値を感じ、満足できるかを検証の上、商品造成をする必要があります。

②Price

価格の設定は、「原価＋利益」がセオリーです。その一方で、宿泊における販売価格においては、ダイナミックプライシング（需給バランスによって価格を変動させる取り組み）を積極的に実施することも必要です。さらに、競合ホテルのプライシングを認識することや、決定した売値に対してレートパリティと呼ばれる価格の公平性（各販売チャネルにおいて価格が同一であること）を保つことも必要です。安易な値引きや割引は慎みましょう。利益を圧縮するだけではなく、ブランド力の毀損に繋がります。時々、「テストマーケティング」と称し、「損して得とれ」と謳って、廉価販売をすることもありますが、現況や将来を見据えた上で戦略的かつ合理的に判断することが肝要です。

③ Promotion

広告については、ホテルのイメージやブランドに合ったデザインや色、フォント（書体）の選定など、一貫した管理が必要です。「ホテルはカタログ販売である」ことは否めません。よって、ホテルの外観、客室、レストランの写真の出来栄えは重要な要素となります。現在では、口コミを参考にした購買の意思決定が最も多くの比率を占めますので、口コミ対応やレピュテーションマネジメント（評判管理）も最大限注意を払うべきです。

販売は、主にダイレクトあるいはオンラインを利用した方法となります。ダイレクト販売であれば営業マンの交渉力の強化を筆頭に直接ホテルを販売する機会に対し、決定率をいかに向上できるかを練り、オンライン販売であればＳＥＯ（Search Engine Optimization＝検索エンジン最適化）対策はもとより、自社ＨＰの構成や特色、そして予約などの購買行動が最小クリック数で到達できるようシステム的な対応にも腐心が必要です。

④ Place

商品流通については、チャネルマネジメントによるＯＴＡやエージェントへの客室在庫の出し入れのタイミングや料金管理が必要で、ほかにもホテルで行なうオンラインショッピングなどがある場合は、品揃えやデリバリー方法なども検討し、売上、利益への貢献を求めます。

「マーケティングの４Ｐはもう古い」という声を聞くこともあります。しかしながら、多くのホテルではまだこうした検証すらできていないことも多く、ミーティングを行なう際には、こうしたフレームワークを使って検証することは、時間を効率的に使え、結果としての効果も期待できるのです。マーケティングがしっかり機能すれば、営業は不要になるのです。これを目指し、基本に立ち返ってマーケティングの仕組みを作り上げていくことの重要性をスタッフと共に再認識ください。

４つのＰが明確になれば、それを現実的に可視化していきます。前章で紹介した「マーケティングカレンダー」に記入していくのです。

例として、一二月のクリスマスシーズンで解説しましょう。宿泊部門ではメイン商品の客室に付随して、特別ディナーや部屋入れのアルコールやケーキを加えたクリスマス特別宿泊プランを造成します。料飲部門では、クリスマスを意識したメニュー構成、館内はクリスマスツリーのデコレーションのほか、ジンジャーブレッドハウスを設置、サンタクロースや聖歌隊を登場させ、それらをＳＮＳやＨＰで発信するというように全体の統一を図ります。

こうした年間マーケティングカレンダーのほか、デジタルブローシュアなどシーズンによる変更やアクセントを加えたタイムキーパーを活用しながらホテルをドライブさせます。

マーケティングのフレームワークには、顧客の消費行動についての考え方もあります。以前はＡＩＤＭＡという文字で表現していましたが、ネット全盛の現在はＡＩＳＡＳやＡＩＳＣＥＡＳという行動特性に移り変わっています。

簡単に紹介しますと、以前は頭文字でＡ（Attention=購買者の注意や注目を集め）、I(Interest=興味を持たせ)、Ｄ（Desire=欲求を誘発し）、Ｍ（Memory=購買に検討の記憶にとどめ）、Ａ（Action=最後には購買するという行動）というもので、購買にあたり注目から行動までを右記のように導く流れを作っていました。それが近年では、Ａ（Attention=注意を引く）、Ｉ（interest=興味を持つ）、Ｓ（Search＝検索をする）、Ｃ（Comparison=比較する）、Ｅ(Examination=検討する)、Ａ（Action=行動する）、Ｓ（Share=シェアする）などのように、「比較する」、「検索する」、「共有する」などの、ネット時代の行動特性が組み込まれています。これらは、デジタルマーケティングを適正に行なうためには欠かせない要素であり、それを踏まえて、ホテルではＳＮＳのフォロアー数や共感数、更にはアクセス数などをＫＰＩと考え、アクションをとって行く必要があります。

予測ミーティング

当月から数えて三カ月程度の予測PL（損益計算書）の作成は、ホテルにとって定期健康診断書といえます。

最も重要なのは売上予測です。売上ミーティングなどの情報を踏まえ、ホテル全体の総売上の予測を立てます。あとは、稼働率や入客数などに応じた人件費の算出、今後発生する費用、営業経費などを計算し、最終的なGOPの予測値を導き出します。

ここまではミーティング前の作業です。ミーティングの本番は、導き出された予測に基づき、今後どのように営業や運営をしていくかの方向性を議論します。

予測値が予算値を上回っている状況であれば一安心です。一方、下回っている場合は、売上改善や費用削減のアクションが必要となります。

注意すべきは予測をすると、その予測値が目標になってしまうことがあることです。特に予算より低い予測値が算出された場合でも、この低い数値を目指して動き始めることが往々にしてあります。目指すべきは、あくまで予算値であることを忘れないことです。

売上については、ボリューム（数）をとるか、価格を上げるか、そして、どの層に、どのようにアプローチするかといった営業戦術を論じることになります。

また、予測の結果、利益額が著しく悪い場合、緊急経費削減プランを検討します。人件費や残業の抑制から、細かい購買活動まで、計画的かつ強制的に実施することも、ときには必要です。緊急事態においては、基本的には「聖域なき経費削減」となります。

いわゆる「乾いた雑巾を絞った上、さらに絞る」という行動計画が練られるわけです。計画を実施した際の結果として顧客満足度や、ホテルのブランド毀損や品質にまで悪影響を及ぼす可能性は否めません。ついては、優先順位付けや配分などをどう取り扱うかを考えるのは、総支配人の役割です。

売掛金管理ミーティング

売掛金である債権の回収状況を確認し、必要なアクションを講じるのが売掛金管理(クレジットマネジメント)ミーティングです。

まずは、売掛金それぞれの状況を、案件ごとに売掛滞留期間である三〇、六〇、九〇日、それ以上の期間という具合で、四段階に分類します。売掛金の発生相手先は、OTAやリアルエージェント、もしくは個人・法人となりますが、それぞれ約束期日までに入金が行なわれているかを確認します。商習慣上、その多くが二カ月後、すなわち六〇日での支払いサイトになりますので、要注意は六〇日を越えた案件です。九〇日超になった案件は、回収そのものに疑義が出てきます。営業担当者には、そのような状態になる前に入金を促すアクションを行なうよう指示をします。

売掛金が未回収の場合、会計上は貸し倒れ損失として認識しますが、そのためには内容証明付きの督促状を該当者へ送付するなど、先方への訪問による督促などが必要です。

こうした浪費時間をなくすためにも、毎月のクレジットミーティングによって、未回収となりうるリスクを早期に発見することです。

営業は、「販売したら仕事が終わり」ではなく、入金完了をもってはじめて完結するのです。売上があっても入金がなく、運転資金となる現金が行き詰まれば企業（ホテル）は倒産します。現金は血液です。その血液が途絶えると人間が死ぬのと同じです。従って売上が好調だとしても、その売上が現金として確実にホテルに入金されるところまで管理することがビジネスには求められるのです。

売掛金管理ミーティングの出席者は、総支配人、経理担当、営業担当そして宿泊や料飲の担当者となります。売掛金の管理自体は経理にて行われるのが一般的ですが、入金の催促をするのは経理部門ではなく営業担当者です。デポジットの有無、相手企業の経営状態や財務状況も重要な要素です。貸し倒れを防ぐためにはデポジットの有無、相手企業の経営状態や財務状況も重要な要素です。

売掛を承認することを「信用取引」と呼びますが、信用取引を相手先（法人やOTA）に認めるかという判断は第三者機関である信用調査会社なども起用し、客観性をもって総支配人や経理部長が判断します。

品質管理ミーティング

ホテルは、クオリティコントロール（QC）が欠かせません。ハードとソフト、両方の品質を、各責任者参加の上で定量的、定性的な資料に基づいてレビューするのが品質管理ミーティングです。

定量分析にあたっては、顧客数、リピート率、クレーム発生件数から、顧客満足度調査における各項目の得点などを参考に、客観的に把握します。また、独自に一組あたりにかかるチェックインやアウトの時間、一部屋あたりのハウスキーピングの時間、レストランにおけるオーダーテイクからデリバリーまでの標準的な時間なども、品質や生産性を考える上で知っておくべき定量的データとなります。

定性分析の代表は、滞在ゲストや口コミサイトでのコメントです。ほかにもミステリーショッパーなどを利用したレポートも有効ですが、いずれにせよ数値からでは読み解けない顧客の本音を知ることができます。

「サービスは、いつでも、どこでも、誰にでも均一に行なうこと」であり、「ホスピタリティは、この時、この場所で、この人のために行なうこと」と定義することがあります。満足度は、ゲストが要求した質と提供した質の差分で決まります。ゲストの要求に応え、品質を向上させるには、サービスとホスピタリティを車の両輪のようにバランスよく、継続的かつ安定的に、そしてバラつきなく提供する必要があります。それがホテルの仕事であり、総支配人の責任なのです。

重要なのは「継続的かつ安定的に」という部分です。これを念頭に、属人的でなくチームとしてホテルそのものの品質確保を目指します。それを実現するためには、定量、定性分析を経て、改善のためのアクションを行ない、日々の気づきを伝え合い、成功体験、ベストプラクティスを共有していきます。

ハード面では現状維持と、将来の投資計画を見据えた取り組みが必要です。そして、フロント運営側のみならずバックオフィスにも目を向けてください。ホテルの品質を作り上げるのは人ですから、働く環境を整えることも大事なのです。

安全衛生ミーティング

労働基準法から派生した「労働安全衛生法」に定められる「スタッフの危険防止」と「労働災害への対策」など、安全についての内容がメインテーマとなります。重量物を持ち上げたことによる腰痛、調理中に指を切る怪我など、ホテルで発生するさまざまな労災案件の原因究明と再発防止策を講じたりするほか、メンタルヘルスのケアや、ハラスメントなどへの対応など、労働環境全般の整備も併せて論じます。

大事には至らなかったものの事故や災害の一歩手前だった事案のことを「ヒヤリ・ハット」と呼びます。そうした館内の危険個所の発見や労災が起こり得る環境をなくしていくことを議論します。

法律上、働くスタッフが一〇〇人以上のホテルでは、「安全衛生委員会」を設置することが義務付けられています。この委員会には、総支配人や各部門責任者、産業医なども参加することが望ましいです。

食品衛生ミーティング

「食中毒は、ワンストライクアウト」と言われます。「空振り3回でワンアウト」、つまり「失敗二回までは許される」などという悠長な話ではなく、一回の失敗が命取りになる事件です。よって、衛生管理は、料理長任せではなく、総支配人も常に目を光らせるべきなのです。HACCPの専門であるスタッフが中心となって、各料理長、サービス責任者とともに、厨房の管理、運営態勢を常に監視することが求められます。また、同時進行で実施すべきは、衛生管理担当者同行による総支配人の厨房検査です。チェックポイントは次の通りです。

【ハード面】

●冷蔵庫、冷凍庫などに常備させたペットボトルの水温検査により、確実に冷凍・冷蔵が機能しているか
●照明機器などから不純物や埃などが料理に入らいないよう、カバーや防止策が講じられているか
●空調設備の状態と排気口の油と埃の付着の状況
●グリストラップなどの排水溝の清掃状態や実際の排水状態

●オーブンなどの内部の汚れや食品屑などの確認
●ゴミ箱類の分別や管理状況
●基準を満たした調理用の消毒装置付き手洗い器の設置

【ソフト面】
●鮮魚や肉を保管する際、切り分けや開封した日時のシールを貼付し、賞味期限を確認する
●各種調味料や乳製品などの有効期限の確認
●厨房内全般の清掃や洗浄の確認
●グラスや調理道具の汚れの有無
●まな板や包丁を肉、魚、野菜用と区別し、運用しているか
●製氷機内（フィルター）の状況と製氷機スコップの消毒状態
●ペストコントロール、害虫駆除が適宜に適正に行なわれているか
●スタッフの検温、検便検査などに関する各種記録の確認

レストランで発生するクレームとして最も多いのは、髪の毛などの異物混入です。これらを防ぐため、スタッフへの注意喚起と仕組みづくりを議論してください。

また、衛生とは直接関係ありませんが、什器備品の破損や損失（ブリケージ）の現状も確認しておくとよいでしょう。

全従業員ミーティング

ホテル従事者全員が参加するミーティングです。頻度としては、月に一度、もしくは四半期に一度実施しているケースが一般的です。全従業員といっても、二四時間三六五日運営を続けているのが宿命のホテルにおいて、全員が一堂に会する機会は物理的に不可能です。そのため、同じ内容を二回開催したり、ビデオ録画して従業員食堂などで上映したりします。

実践されている一般的なケースは次の通りです。まず、総支配人がスピーチします。内容は、ホテルの現況や日々感じていること、スタッフに伝えたいメッセージなどです。次に、営業や運営、経理、人事などの担当者から諸々の情報がシェアされます。優秀スタッフの表彰や、開催月における誕生日該当者のお祝いなども行なわれます。会の最後はフリータイムとして、部署を越えてのコミュニケーションの場を設定したりします。コーヒー、お茶類、ケーキやフィンガーフードなどを用意し、リラックスした環境で行なわれます。

一年に一度か、半年に一度の開催頻度で実施するところもあります。その場合は主に総支配人による年初の講話や、経営計画の話などが中心となります。「ミーティング」と呼んでいますが、時間や参加人数の関係もあり、双方向による対話という形式ではなく、どちらかというと経営陣からスタッフへの一方向の情報伝達に終始してしまう会になります。それでも、スタッフそれぞれのコミュニケーションの場、そして内部の情報発信の機会として有効です。

さて、ここまで一〇種類のミーティングを紹介しましたが、ほかにも次のようなミーティング手法があります。

①ブレインストーミング・・・日本的にいうと「ワイガヤ会議」です。新しいアイデアを産み出す際や、議論の行き詰まりを解消するために用いるスタイルです。立場や知識の有無に関係なく、アイデアや意見を出し合います。時間を区切って実施しないと、ただのおしゃべりに終わることもありますが、斬新な発想などが産まれることがあります。

②Focusグループ・・・新たな製品やサービス開発というお題に焦点を絞った参加者による会議です。

③Workingグループ・・・特定の問題への改善策などを討議する会です。参加者を選別して行ないます。

総支配人秘話②『大統領、ようこそホテルへ』

総支配人の醍醐味の一つは、通常では接することができない方々にお会いできることです。

若いころの私は、ホテル総支配人として大統領をお迎えすることが夢でした。「ようこそ、ミスタープレジデント」と胸を張って歓迎の意を表する。以前に観た映画のワンシーンであり、強い憧れを持っていました。ですが、本音では、自分が総支配人として実現できるとは思っていませんでした。

想いが強ければ願いが叶うこともあるのでしょうか。南米の某国の大統領が、私が総支配人を務めていたホテルに滞在されるという機会が訪れます。そして、私はイメージしていた通り、ご到着にあたりホテルエントランスにて「ようこそ、ミスタープレジデント」と、胸を張ってお出迎えしました。職務冥利につきると感動し、そして誇らしい瞬間でした。

自分が理想とする人生を歩むためには、妄想も大事。無駄な努力かもしれないと思いつつ、私は、プロトコルや立ち振る舞い、丁寧な英語表現などを、来るべき日のために準備していました。その夢が叶った瞬間、功を奏したのです。

映画で印象に残っているのは「プリティウーマン」です。ジュリア・ロバーツ演じる主人公にホテルの総支配人が気の利いた細かな気遣いを施し、それがとてもいいフォローとなって劇的にドラマが動き出します。ホテルマンたちや総支配人は黒子ではあるものの、こうしたホスピタリティ、ウィットなどは常に持ち合わせるべきだということを私はこの映画から学びました。

もう一つ光栄な経験をしました。それは皇族をお迎えする機会を得たことです。私も日本人だからでしょうか、外国の大統領をお迎えした時よりも内心かなり緊張していたことを今でも憶えています。ご利用いただいた後には宮内庁よりお礼も頂き、有難い限りでした。

そして大統領しかり、皇族の方々しかり、徳のある方は皆さんとても謙虚であることを肌身に感じた経験でもありました。

芸能関連、スポーツ関連を含めて著名な方にお会いする機会が多いのがホテル総支配人です。お迎えする側として、いい意味で対等にお迎えできるよう、常に「心身共に備えを怠るべからず」です。

第七章　レポーティング

ホテルにはさまざまなステークホルダー（利害関係者）がいます。総支配人は、そうしたステークホルダーから、さまざまなタイミングでレポート作成を要請されます。本章では、このレポーティングについて述べたいと思います。

レポート作成には、ゴールデンルールがあります。それは、「ケツサキ」というルールです。結論が先にあり、説明事項が後に続く構成です。また、箇条書きや時系列を用いて整理されていることも大切です。さらには、数値、写真、グラフなどを活用し、読む人が理解しやすいレポート作成を心掛けてください。

提出したレポート以外に別途説明が必要な書類は、レポートとはいいません。誤字や脱字、数値の正確性に欠けるレポートもあってはなりません。それだけで、あなたの信頼問題となります。

総支配人がレポートする相手は、主にオーナーや社長となります。是非、知っておかなければならないのは、「偉い人ほど細かいところまで目を通す時間がない」ということです。従って、可能な限りＡ４用紙一枚で完結させることを心掛けます。無駄を省くことで理路整然と、すっきりとした形式でのレポートをつくらなければ、あなたの負けです。

レポート作成自体は、価値を生まない時間となることが多いです。フォーマットなどを事前に作り、可能な限り時間をかけず、要点を抑えたレポートができるようにする工夫も重要です。

他者が作成したレポートやテンプレートなどを参考にすることも一案です。

プリントアウトした状態のことも考えるべきです。Ａ４用紙をイメージして作成したにもかかわらず、印刷範囲のずれによって、Ｂ５用紙やＡ３用紙で出来上がってしまったなどの失敗もご法度です。

デッドラインを厳守するといったことは、わざわざここに書く必要もないでしょう。むしろ賢明な総支配人であれば、「与えられた締切日以前に提出するためにはどうするか」を考えるべきです。「偉い人（オーナーや上司）ほど時間がない」とお伝えしましたが、同時に、偉い人ほど早く物事を知りたがります。すなわち本来は質問やメールを受けたら即答とまでは言わないまでも、いの一番に回答なり、リクエストに応えるべきなのです。

不幸にもどうしても締め切りに間に合わないようであれば、提出相手に、理由も含めて即座にその旨を伝えることです。締め切り日の当日に、「間に合いません」と伝える行為は、計画性のなさ、実行力のなさを晒《さら》すようなものです。

では、早速各種レポーティングについて解説していきましょう。

財務指標と営業報告

まずは、総支配人の代表的なレポートである「月次報告書」を取り上げます。これは、先に申し上げた「レポートはA４用紙一枚で」という鉄則が当てはまらず、複数ページで構成されることになります。

「ケツサキ」の理屈でいえば、冒頭で、結果の数値の明示から始めます。ビジネスである以上、すべては数値の確認から入ります。「前年同時期」や「予算」などの数値も併記し、実績との比較差異を示します。また、売上の構成（宿泊、料飲、その他）や総売上に対する費用の割合などはパーセンテージで表示することです。

エクセルの表で示しますが、縦軸に基本情報となる「客室稼働率」と「平均客室単価（ADR）」、「販売可能客室一室あたりの平均単価（RevPAR）」の順で列挙します。

続いて、「宿泊売上」、「料飲売上」、「その他売上」、そして「ホテル総売上」と、売上項目ごとに分けて表示します。その後には、「宿泊利益」、「料飲利益」、「その他利益」を羅列し、「ホテル運営利益合計額」を表示します。

ホテルユニフォーム会計を用いているのであれば、その方針に沿い、「一般管理費用」、「営業費用」、「ＩＴ費用」、「施設管理経費」、「水道光熱費」も各費用項目として表示します。そして、「バック部門費用合計額」を算出します。

最後に、「ホテル運営利益合計額」から「バック部門費用合計額」を控除し、ホテル純利益（GOP）を算出し、表示します。

このほかに、ホテル全体の人件費や、「業務委託契約（MC）」や「フランチャイズ契約（FC）」のホテルであれば、そのフィーの金額も別に表示すると、全体の理解が深まります。

ポイントとして、まずは前述したような大項目に分類の上、数値で提示し、全体像について、ハイレベルでの理解を得た上で必要に応じて、中項目、小項目にドリルダウンし、それぞれの詳細を見せることです。

レポートを基に口頭で説明する際にありがちなのは、実績と比較対象項目との差額のみを読み上げていくケースです。このレポートの報告を受ける方は、ほぼ全員、実績との差異である増減数値は表を見れば説明がなくても分かります。すなわち、数字の読み上げだけでは時間の浪費です。皆の興味はその差額の原因です。良い場合でも悪い場合でもそれぞれ理由があり、数値を踏まえた客観的な理由の説明が求められます。

月次報告をする際、単月分のみの報告ですと片手落ちとなります。進行年度の累計を表示の上、その比較対象と差額を網羅することによって、近視眼的な見方でなく全体を立体的に見せることが可能となります。開業一年目などは、比較対象となる前年同時期比のデータはありませんから、予算や一般的なホテルをベンチマークとして利用することです。

その上で、現場監督である総支配人であるからこそ知りえる主観的な視点での説明があると良いです。その月のトピックやチャレンジ、できたこととできなかったことなど、数字からでは読み取れない付加情報は背景などを理解するのに役立ちますし、いかにあなたが総支配人としてビジネスを理解しているかの証明にもなります。

フォーキャスト（予測）

上場会社であれば株主用として、非上場会社であればオーナーや社長などへ今後の三カ月（四半期）分の業績見通しを報告する必要があります。

フォーキャストは、ホテルオペレーションとしても必須であり、その中心は売上予測です。宿泊であれば、三カ月先までが妥当でしょう。一カ月先まででですとその先の状況が見据えられませんし、六カ月以上先ですと間延びしてしまいます。リードタイム（チェックイン日と予約日の間の日数。近年は短くなる傾向にあり一〜三カ月）を考えると、三カ月先程度がちょうど良いと考えます。

レストランはリードタイムが短く一カ月以内です。一般宴会は、三〜六カ月、そして最も長いのは婚礼で、一年～一年半となります。それぞれのビジネス形態にあったリードタイムを理解し、モニターする必要がありますが、レポーティングの場合は、一般的に三カ月先までの数字を対象とします。フォーキャストの対象が三カ月先までであれば、売上向上やコスト削減などの必要なアクションを取るのに遅くはないからです。そのほか、今後のキャッシュフローの検証や投資計画を精査するなどの理由で三カ月以上の見通しを要請されることも不思議なことではありません。

フォーマットは、ホテルユニフォーム会計で用いる損益計算書（ＰＬ）がベースとなります。現状のブッキングペースと今後の営業状態を把握し、原価、人件費、一般経費を予測して利益を導き出します。

予測数値は後日、算出される結果の実績値と比較して、「プラス・マイナス五パーセント以内の誤差に留める」ということをオーナー会社（特にファンド系や金融機関の場合）の要請により目標としているホテルもあります。フォーキャストの精度が高ければ、それはホテル運営にも当然役に立ちます。総支配人はその精度に責任を持つべきです。

KPI（Key Performance Indicator）

ホテルはビジネスである以上、財務的な視点は重要です。しかしながら、その視点だけですと暴走し、成り立ちません。「財務的要素を最大化するために、顧客満足度を無視してコストカットする」ことも、「顧客満足度を向上するために、原価を無視してサービスを提供する」こともホテル経営において理想の在り方ではありません。これらをバランスよくハンドリングし、最適解を見つけることが総支配人には求められます。

これらの重要な項目について数値（点数）化したものがＫＰＩです。数値というのは、客観的であり、言い訳が効きません。また、ＫＰＩとして設定する数値には理由があり、ビジネスを進める上での目標となります。ＫＰＩを大きく四つに区分すると、「顧客の観点」、「従業員の観点」、「運営の観点」、「財務の観点」となります。机や椅子は四脚で構成されています。四脚あるので安定しています。ホテルも同様でこの四つの観点を、バランスを保ちながら営業する必要があります。

「顧客の観点」には、顧客満足度として自社独自で得点を算出するものや、ＯＴＡなどの指数、リピートゲストの数や、ＳＮＳなどのフォロワー数が、ＫＰＩとして扱われます。

「従業員の観点」は、従業員満足度や退職率などが考えられます。最近では、有休取得率や育休取得率なども、働く環境整備の一環としてKPI化されています。「運営の観点」は、ホテルでのメンバーシップ制度がある場合などはその獲得数、女性リーダーシップの数、危機管理や食品衛生、環境への貢献、会計監査などを評価して点数化しています。「財務の観点」は、ホテルの総売上と利益のほか、稼働率やADRなどのホテル運営上での代表的指数などが含まれます。

レポートする際は、「月別」と「累計」について、目標の数値もしくは前年の数値と実績を比較して表示します。

ホテルはその成否を、一年や二年で結論づけられる短絡的なビジネスではありません。また、さまざまな要素を包含する複雑なビジネスでもあります。だからこそ、複数のKPIを通して多角的に経営を実践する必要があるのです。

営業・マーケティング関連

フルサービス型ホテルであれば、宿泊、レストラン、一般宴会、そして婚礼など、ホテルの各プロフィットセンターについて、当該月に実施した営業活動の進捗状況や結果などを報告します。

宿泊については、ベースとしてセグメント別（個人、グループ別）、ソース別（自社、OTA、リアルエージェント）、販売プランのトップ一〇、ゲストの属性（性別、年齢、地域）、競合他社情報（ADR、稼働、日別の販売金額）などの主要数値を明示した上で、OTAや旅行会社、法人需要、グループ獲得など、数値からは読み取れない営業上での施策の要素を交えて説明します。

レストランについては、レストラン別の朝・昼・夜の来客数（カバー）、単価などの主要数値を明示し、プロモーション活動やメニュー、周辺情報なども説明します。

一般宴会や婚礼などは、施工件数や参加客数、単価のほか、参加者の傾向や、アップセルなどの成果などについても加えるとよいでしょう。

視点を少し変えますと、いずれのプロフィットセンターにおいても、相当数の「ロストビジネス」が存在します。「ロストビジネス」とは、成約に結び付かなった案件のことですが、数と理由を整理しておくことも今後の対策には必要です。「ロストビジネス」の理由のビッグ3は、①金額が折り合わない、②既に予約があり日時が合わない、③大きさ（客室や宴会場）が合わないです。なかには、施設として機器が足りない（例えば必要な音響やデジタル対応が不足）、マンパワーが足りない（予約担当や、もしくはサービススタッフが足りないので予約を受けられなかった）などもあります。ロストをロストのままにしない、機会を逃さないアクションが必要です。

マーケティング活動については、館内プロモーションからテレビや雑誌などのパブリシティ、取材などに応じることによる「メディアインプレッション」となる数が話の中心となります。そして、より理解を深めるためには広告費として換算した場合の金額や、ＳＮＳの投稿数やフォロワー数もレポートしてください。

実績の結果という過去の説明も大事ですが、それよりもさらに重要なのは、進行月や翌月といった未来の戦略です。予約のペースや過去データなどから鑑み、好・不調を理解した上で次にとるべきアクションを理論的に説明するのです。

宿泊、料飲（レストラン、一般宴会、婚礼）など、特に不調の場合には〈プランＢ〉としてのリカバリープランも付け加え、「（悪い）衝撃にも耐えうる準備は整っている」という安心感の演出も必要です。

人事関連

人件費額や人件費率（売上に対する比率）、賞与の支払いに関する件などが話題の中心になりますが、採用状況、昇格や昇給、退職率、従業員数の増減なども報告の対象となります。昨今では、サービス業全般での採用難、人材不足という環境において、さまざまなアイディアが必要です。人事評価制度、社内表彰制度、従業員満足度調査制度など、人事に関する制度としての企画や立案、運営とトレーニングの進捗やマルチタスクの導入、インターンシップ受け入れなどの生産性の向上に寄与する項目なども整理しておきましょう。

また法的なところでは、就業規則の改訂、労災や安全衛生関連、労務管理の問題もレポートの対象ですし、労働争議などは、その可能性が高いのであれば、認識を求めておくことが必要です。ただし、総支配人は子供の使いではありませんので、対処策や解決策などの腹案をしっかりと明示すべきです。

施設関連

ホテル業は、装置産業の最たる存在ですから、施設関連の報告も欠かせません。経年劣化による補修や修繕、空調、水回り、電器関連は、金額的なインパクトの大きな事案が多いため、優先順位と実施計画を含めて説明が必要です。

これとは別に、売上や顧客満足度向上に繋がるものを中心とした投資計画、リノベーションなど現場を預かる総支配人としてマーケットの状況を鑑みて、積極果敢な提案も心がけるべきです。

予算提案

ここまで見てきた月次報告のほかに、年に一度、作成を求められるのが「予算提案レポート」です。毎月での実績レポートでの結果を踏まえて次年度の予算を作成することになります。追加する項目もありますが、その考え方の多くは月次報告の延長となります。

レポートの内容としては次のようなものとなります。

『エグゼクティブサマリー』・・・これこそがA４一枚で作成する究極版です。予算を達成するための具体的な戦略や行動が一目でわかるように内容を整理した概略となります。

『数値サマリー』・・・新年度予算と前年実績の数値と比較を売上（宿泊、料飲、その他）、費用、利益の順に明示します。また目立つ差異や特別な項目があれば説明を加えます。

『マーケットデータ』・・・予算の数値を補完し、営業活動のベースになるデータを複数用意します。例えば、GDP、消費者物価指数、失業率や外国為替変動状況など、経済や観光に関する一般総合的な指標から、SWOT分析、競合他社分析、ローカルイベント、新規開業情報、ロードファクター（有償座席利用率）など、自ホテルがおかれている事情に応じて必要な要素を準備します。

『達成戦略』・・・予算は、達成が難しいストレッチ（背伸び）した数値になるのが世の常です。楽なものはありません。戦略とはずばり取捨選択です。売上と費用の達成に向け、戦略的に何をすべきかを明確にします。

『プロフィットセンター』・・・売上、費用、そして利益（プロフィット）を構成する宿泊部門や料飲部門（レストラン、一般宴会、婚礼）についてそれぞれの数値詳細を表示します。その上で、売上、費用、利益を達成するかの戦略的施策を箇条書き等で表示します。

『コストセンター』・・・一般管理（経理や人事）、営業とマーケティング、IT、施設管理、水道光熱に関わる費用をそれぞれ網羅し、予算化をした具体的な根拠を含めて表示します。

『KPI』・・・主に月次報告で取り上げられているKPIの項目につき目標と具体策を明示します。例としては、顧客満足度や従業員満足度、そしてホテルで該当期に目標とする項目を数値化します。

『人事計画』・・・部門別に人数構成と人件費額を明確にします。

『建物・購買物投資計画』・・・会計上で資本的支出（支出額が二〇万円以上である場合や、支出が資産の耐久性を高め、価値を増大する場合等）と認定される投資も盛り込みます。例えば、建物の改良工事、客室や宴会場の改修工事や厨房関連などの修繕、システムの入れ替えなどですが、実施予定日（期間）と合わせて明示します。

月次報告にせよ、予算提案にせよ、総支配人は、その内容について報告書やサマリーを用いて説明を求められます。いわゆる、オーナープレゼンテーションです。「世界中から貧困をなくす」といった大風呂敷を広げる必要はありませんが、少なくともホテルビジネスのプロである総支配人は、「自ホテルを成功に導く」ための準備があり、任せておけば大丈夫だという印象を与える気概は持っておくべきです。

そのためには、レポート類の作成を部下に丸投げせず、内容のすべてを網羅、理解することは当然です。

また、プレゼンテーションは一方通行ではありません。オーナー並びに関係者（アセットマネジャー、ホテル運営会社等）は、あなたを試すためにクリティカルな質問を浴びせてきます。想定される質問に対しての準備をしておくことです。その上で、冷静に自信をもって説明を行なってください。

プレゼンテーションの際、オーナーサイドに外国人の方が参加していることも珍しくはありません。バイリンガルでない限り言語の壁は重たい足枷になりますが、資料となるパワーポイントなどで可能な限り自身をサポートできるよう準備をしておきましょう。

月次報告などをする際、オーナーからの意見や質問が増えるのは、往々にしてパフォーマンスが悪い場合です。業績が良い場合は、早ければ三〇分で済むものが、三時間以上になることもあります。

パフォーマンスが悪いときの報告は、通常よりも丁寧にその理由を説明することが必要です。原因を明確に掴んでおり、次にどのようなリカバリーのアクションをするかが分かっている総支配人であれば、追及のトーンは落ちるものです。問題なのは、原因や理由を掴んでいない場合(これでは手の打ちようがない)、悪い原因を部下や環境に責任転嫁するような総支配人です。

これは総支配人として失格です。

また、火中の栗を拾いに行くがごとく、求められるより先に説明をするという、先制攻撃も、必要なら行なってください。オーナーやアセットマネジャーを含めた管理側は、待ちの姿勢より自発的で能動的なタイプの総支配人を好む傾向があります。

プレゼンテーションの方法に、絶対という法則は存在しません。失敗を恐れずどんどん実践することです。そして本番では、練習以上の力は出せませんので、いかに準備と練習を重ねるかというところもキーポイントになります。総支配人としては立場上、人前で話す機会は多いのでそれをいい意味で楽しめるようにしたいものです。

第八章　危機管理

クライシスマネジメント

不特定多数が出入りし、三六五日二四時間営業しているホテルでは、何が起きても不思議ではありません。まさに、「不測の事態のびっくり箱」と呼んでも過言ではありません。

また、地球温暖化による自然災害や原因不明の疫病の発生、火事など、ホテルを取り巻く環境を考えてもさまざまなリスクと背中合わせです。

「喉元過ぎれば熱さを忘れる」、「対岸の火事」という言葉もありますが「一度起きたからもう二度と起こらない」、「自分だけは大丈夫」などと考えるのは幻想にすぎません。

「ホテルの危機は総支配人の危機」であり、「総支配人の危機はホテルの危機」です。何があってもホテルの最高責任者は総支配人です。迫り来る危機、生じた危機の状態から逃げるわけにはいきません。毎日が平穏で安全であることを祈りつつ、心の準備、物質的な用意をもって衝撃に備えます。

総支配人は楽観主義であるべきです。ただし、同じ楽観主義者でも、晴れの日が続く毎日でも折り畳み傘を常備する楽観主義者であるべきなのです。

ここでは、総支配人が直面する危機の種類とその対応について論じていきます。

総支配人の五大危機

①自然災害と火事

天災は忘れたころにやってきます。筆者は、東日本大震災発生時に被災地である仙台で総支配人を務めていたこともあり、地震対策などの災害対応には人一倍敏感です。今後もこうした震災や自然災害は発生するでしょう。総支配人は「転ばぬ先の杖」を持ち、狼狽えない組織、仕組みづくりを率先して行なってください。

準備のポイントは、スムーズな避難のための準備です。避難訓練を定期的に行ない、対応フローを整備し、消防署などの第三者によるセカンドオピニオンも取り入れて、来る日に備えることです。

有事において、訓練時以上の成果を期待するのは難しいのです。訓練時より緊張感を持って繰り返し行なえるかが、生死の分かれ目になります。

また、日頃から消防署をはじめ、地元のコミュニティーなどと綿密な連携をとり、コミュニケーションを図ることや、ホテル内の自警団の設立と緊急連絡網の構築も必須です。

特に緊急連絡網については、退職により連絡網上で連絡先の相手が存在しなかったりするような〈穴〉が見られることがありますので、携帯電話番号などを常に最新の状態にしておくことが求められます。ＬＩＮＥなどを用いて緊急連絡をする手段も有効ですが、運用方法とグループ化の際の参加者の確認を必ず行なってください。

最悪の事態に備え、ゲストとスタッフ用のホテル外での緊急集合場所の設定、飲料水や毛布類の確保、あとは忘れがちですが、当日の宿泊ゲスト名簿や勤務者リストが直ぐに手元に整えられるようにすることも必要です。それにより、避難場所での点呼確認を可能とし、未救助などの漏れや抜けがないかの確認ができます。

災害は時間を選ばずに起こります。特に深夜の人手が薄い時間帯に対して、ヘルプを含めた人的体制の構築も重要なポイントです。

ハード面は、法律に準拠した施設体制になっていることは当然のこととし、ホテル運営側の観点ではＣＣＴＶの死角のない撮影範囲の確保と録画データ保存体制のチェック、館内放送でのトリリンガル案内は必須です。ほかにもＡＥＤ、消火器等の必要数の確保と、定期的な作動検査と使い方研修も必要です。

そして喫緊の課題として発生するのが、通信機器への準備です。東日本大震災の際には、携帯電話はさまざまな理由によって不通となりました。その際に活躍したのがＰＨＳ（＝ピッチと呼ばれたPersonal Handy-Phone System）です。携帯電話は便利ではありますが、有事には利用者が急増し、使用できなくなる可能性もあります。ホテルの現場としてはトランシーバなどの代替案を検討しておくべきです。また復旧前後には携帯電話の充電が必要となりますので携帯充電用のアダプター、電源タップ（コンセント）、延長コードや簡易充電器の確保も準備すべきです。

②個人情報漏洩

個人情報漏洩防止の準備はファイヤーウォールなどのＩＴセキュリティの強化となります。しかし、残念ながら防衛に完璧なものはなく、敢え無く防御策が破られることも散見されます。それでもホテル施設全体としては機能強化にあたり、システム、ハードへの投資とフォローアップは必須です。

また、運営面では次のような対応をすることにより、リスクを減少させます。

●顧客のクレジットカード番号は預からない。パスポートのコピーの取り扱いに注意する。
●メールでファイル送信する際、ファイルにパスワードを付し、パスワードは別のメールで送信する。

●社内データ流出を防ぐために、ノートパソコンやモバイル類の外部持ち出しを厳禁とする。
●USBメモリの利用を不可にする。
●退職者のメールアドレスなどはタイムリーに削除し、外部アクセスを許さない。
●システム利用者は定期的にパスワードを変更する。
●ハードコピー（紙類）はシュレッダーで裁断する。

このように手を尽くしていても情報漏洩の原因になるのがヒューマンエラーです。メールの誤送信、モバイル機器の紛失などです。ゲスト情報のみならずスタッフの情報もあり、ホテルは個人情報に囲まれて運営されていることを肝に銘じ、定期的な啓発を行なってください。

③各種運営上でのトラブル

（ゲストコンプレイン）

モンスターゲストという言葉があるように、理不尽極まりないと感じるゲストがいることは事実です。半面、コンプレインのあるゲストに対して真摯に対応し、適切にリカバリーを施すと、コンプレイン転じて大ファンになっていただけることもあります。

コンプレインの理由となる事象は、十人十色です。担当者任せにはせず、ホテルとして、総支配人として担当スタッフを守る必要があります。コンプレイン対応に適した個室を決めておくこと、そして録音機の用意があるのが望ましいです。

また、悪質な場合や威嚇などの行為がエスカレートし、営業の妨げになるようなケースの場合は、弁護士などの専門家の意見も参考にしつつ、ホテル独自の方針として「立ち入り禁止扱い」とすることも検討しましょう。

オンライン全盛の現在では、ネットコメントの手段を用いてコンプレインを申し立てるゲストも存在します。そうしたコメントは、ポジティブ、ネガティブかかわらず、瞬く間に多くの方々の目に触れることになります。

ネガティブなコメントに対しては、紋切型の返信や、誠意のない返信は、火に油を注ぐことにもなりかねません。事実を確認し、迅速かつ真摯に対応が必要であり、四八時間以内に返信することを基本方針としているホテルが多いです。

（食中毒や異物混入）

食中毒が発生した場合、被害者となったゲストへの対応を最優先させます。一方で、保健所との連携、検体確保による原因の究明も必須です。

食品衛生については、受け身ではなく、能動的な姿勢で実践してください。兎にも角にも、食中毒を起こさないためのアクションと仕組み作りが肝要です。総支配人による「キッチンウォーク」によるリスクの察知と調理全体へのけん制、ホテル全体の定期的な検便の実施（健康診断時以外にも）、生鮮物の管理の徹底、キッチンスタッフを中心に貝や牡蠣などの摂食・喫食の禁止、加えてＨＡＣＣＰや保健所による定期的な研修によって適切な知識の取得などを行ない、食中毒発生防止のための仕組みづくりを徹底してください。

異物混入の代表は髪の毛ですが、ほかにもさまざまなものがあります。そしてその多くは調理中に混入する確率が高いです。キッチンスタッフの帽子着用、グローブの装着、そして絆創膏は肌色のものでなくカラーのものを利用するなど、混入を防ぐ二重、三重の防止策を講じましょう。

またテイクアウト商品にありがちなのが、消費期限のシールの貼り忘れや、日付間違いです。これらは単純なヒューマンエラーによるトラブルです。

過去にホテル業界で大きな問題となった「食品偽装」や「産地の誤表示」などは、その反省によって、どこのホテルでも十分に気を付けているとは思いますが、トレーサビリティの利用の確認にいたるまで、リスク回避は総支配人が先頭に立って行なう仕事であることを認識してください。

（不審者、招かれざる者）

この章の冒頭でも書きましたが、ホテルは二四時間三六五日営業しており、誰でも入館ができてしまいます。もちろん、多くのホテルではルームキーによる入館や各客室階への立ち入りのコントロール、そしてリゾートホテルなどでは、ゲートによる敷地内コントロールをされていますが、実態としては大半でホテルパブリックスペースへの入館はフリーパスです。ましてや、悪質な意図をもって入館を企てる者は、何らかの理由をつけてでも館内に入り込みます。こうした環境ですから、「これを実施すれば確実に大丈夫」という手立てはないのですが、ホテル全体で警戒にあたる、警備員の館内巡回を増やす、不審に思えば声を掛けてみるなどのアクションは、地味ではありますが有効です。

海外では、ホテル周辺に長らく駐車している不審な車輌、近隣に発生した不審者情報、郵便物などの開閉など、テロや爆弾物に備えた警戒も実施しています。

また、施設の各所に「パニックボタン」を装備することや、死角を持たないCCTVの設置なども考えられる対抗策としては有効な手立てです。

ホテルに侵入する経路としては、ゲストが通常利用する正面入り口のみならず、ホテルにはスタッフ用の出退勤出入り口や購買物の納品口など、その気になればいくつでもアクセスポイントがあります。外部者が入館する際は、決められた場所で警備員より外部者であることが明確に判別できるIDカードを貸与するなどのセキュリティの徹底は必須です。

そのほか、ロッカールームや更衣室などは、社員証あるいはスタッフカード保持者以外の侵入ができないように設えます。

バックオフィスに入退室する際のキーの貸与確認は毎日行ないます。また権限者のみが所持するマスターキーについては責任の所在をはっきりさせるために、個人で管理させ、最低でも一カ月に一回は存在の確認が必要です。これを実施すれば一〇〇%防げるという手段はありませんが、ゲストとスタッフを守るため、総支配人は常にその目を光らせるべきです。

④労働争議

ホテルは、さまざまな性格、年齢、そしてバックグランドをもつスタッフを抱えるビジネスです。よって労務管理が人事な要素となるのですが、その範疇を越えて発生してしまう労働争議やハラスメントも総支配人が対峙する危機の一つです。

ときには、労働基準監督局に直接足を運び、訴えを起こすスタッフもいるでしょう。そういう事案を出さないためにも、日々の緊密なコミュニケーションが求められます。

労働争議の三大ケースは、長時間労働やサービス残業を含む労働時間に対する不満、パワハラ・セクハラ・モラハラなどの人間関係の問題、そして職務内容のミスマッチから生じる異動希望などを伴うスタッフとの軋轢です。

それぞれの対策としては、労働時間問題であれば、所属長と本人以外の客観的な労働時間のチェックや定期的なヒアリングを実施します。ハラスメント問題であれば、相談窓口、ハラスメント一一〇番や、ご意見箱などの意見を聞き入れる仕組みを、職務内容問題については、職務記述書の整備や目標設定などによるコミュニケーションの機会と、助言による改善を講じることとなります。

こうした準備や方法を十分とっても、人間同士が一つ屋根の下で働いていると、問題は起きるものです。また、対応についてもケースバイケースとなり、どれも一筋縄でいくものでなく時間と労力が伴います。

究極的には弁護士や社会保険労務士など専門家の意見も取り入れ、協議の上で進めることになりますが、労働争議などに発展させないためにも、常日頃のコミュニケーションや定期的な意見の吸い上げを通して風通しのいい労働環境を作り上げ、実際にそれが機能する文化を醸成することが大切です。

⑤ホテルの売買

危機管理とは異なりますが、売却・買収も突発性、そして緊急性が高い点では総支配人として視野に入れておくべき事案です。

売買の話が進んでいるという情報が、どの段階で総支配人の耳に入るかはケースバイケースですが、売買においてはまず初めに「デューデリジェンス(= Due Diligence)」(投資対象であるホテルの資産価値やリスクの調査)が行なわれます。主に財務、法務、事業継続の観点で資産評価が行なわれます。財務的な要素として現金・預金の額、在庫の内容、所有する動産や不動産、借金に至るまで、その存在の棚卸が行なわれます。

次に法務的な要素として、ホテルの持つ各種契約の種類、内容、年数などが確認されます。優良・不良を問わず債権・債務、それ以外にも訴訟のリスクの有無なども含まれます。

このように、日々の運営時や一年に一度の決算時にも手が回らないことを評価されていくわけですが、こうした確認は、売買のタイミングでなくとも資産を保全する上で、総支配人としては、本来は行なうべきです。

危機対策としての三大準備

危機管理は、計画的に、そして用意周到に準備しましょう。危機が起こることを望む人はいませんが、発生した時に狼狽えないためにも、有事を想定したトレーニングを定期的に実施することが重要です。

ここでは、①「危機管理対策シミュレーション」という、机上で有事を展開し、その対応を図る方法、②トラブル発生時に避けられないメディアのインタビューに備えたパブリックリレーション対策、③BCP（Business Contingency Plan＝事業継続計画）の用意によるホテルが備えるべき計画を紹介します。

①危機管理対策シミュレーション

「事件は会議室でなく、現場で起きている」という有名な言葉があります。理屈が分かっていても現場で適切な対応ができなければ意味がありません。現場優先なのは当然です。しかし、危機のケースによっては人命に及ぶ場合もあります。闇雲に動くのは得策ではありません。特にフロント部門とバック部門というように現場が分散するホテルであればなおさらです。

ここでは宿泊、料飲、警備、人事、経理、IT、PRなどの各担当者を集めて机上にて有事の対処策を協議する集合訓練「危機管理対策のためのシミュレーション」を紹介します。机上ではありますが可能な限りは現実に沿いつつ、各担当者の動きや役割が、実際の状況に応じてスムーズに動けるようまとめ上げていきます。

ホテル運営の現実に照らし合わせますと、シミュレーション用には例えば次のようなケースが考えられます。

ケース①　客室で火災が発生した
ケース②　台風による影響で公共交通の全路線停止、フライト全便欠航

ケース③　地震によりホテルが機能不全に陥った

実際に発生したら、どのケースでも冷汗ものですが、参考までにここでは③を例にとり、有事発生からのシーンを展開させてみます。そしてシーンごとに各担当者がどのように動くか、そして動くべきかを検証します。


（シーン1）最大震度六の大型地震が発生。館内ではエレベーター自動停止、一部停電発生、固定電話類不通。

（シーン2）ホテル内、緊急時対応チーム、防災センターに参集。

（シーン3）一八階の客室階にて火災報知器の発報あり。宴会場の大型シャンデリアが落下レストランにて食器類の破損を確認。

（シーン4）ホテルのシステムがダウン。

（シーン5）怪我人、負傷者については未確認。


こうした危機的な状況が連続して発生した場合に、その対処のために、例えば次のような懸案事項が思い浮かびます。

●緊急時対応チームとは誰が含まれるのか？　そして最高責任者は誰なのか？
●館内ゲストへの避難誘導先はどこになるのか？　また誰がどのように告知するのか？
●怪我人、負傷者の確認をどのように行なうのか？　応急手当班はいるのか？
●火災報知器の発報に対してどのように対応するのか？　誰が消防署に連絡するのか？
●館内での連絡につき、何を用いてどのようにコミュニケーションを図るのか？

もちろん、シミュレーション用のシナリオ自体はフィクションですから、どのように展開し、その後、どう結末を迎えても構わないのですが、こうした状況下で総支配人やホテルスタッフが、どのように対応するかを協議し、役割分担を決めておくことが肝要です。

危機の際の対策本部をどこに設置し、誰が全体を統制した上で指揮を執り、誰が指揮を受けて実際の行動をとるのか、そして誰が時間ごとの経過や状況を集約するのか。

すべてにおいて、これと言った一〇〇点満点の解答があるわけではありません。一つの空間に関係者が一堂に会し、時間を確保した上で、それぞれのシーンへの対応を論じ、足りないものをあぶり出し、ホテルとしての準備とチームとしての行動の意思統一が大切になります。

繰り返しですが、机上の空論であることは事実です。現実と机上は違うということは誰でも分かります。しかし、人は一度でも想定やイメージしたことがないネガティブな有事に対し、狼狽えます。グループになればなおさらで、行動がバラバラになります。これはゲストの安全、ひいてはスタッフの安全確保にあたり望ましいことではありません。

ついては難局に対してチームとしてまずは議論をし、行動確認を行ない、頭の整理をします。その後、皆が合意した行動指針や役割分担、必要器材等の準備を経て、実戦訓練を行ない、自信をもって立ち向かいます。すべてのプロセスにおいてオーナーシップをとるのはもちろんリーダーである総支配人です。

②メディアインタビュー

有事そのものへの対応力のほかに、総支配人として訓練が必要なのは「メディア対応力」です。特に、不祥事の際にその力量が問われます。何をさておいても保つべきは冷静さです。感情的にならず、落ち着いて関係者の対応に努めます。

総支配人からの公式発信の際は、当然ながら発生した件に対しての事実を求められます。憶測や事実の捻じ曲げ、リップサービスの発信はご法度です。特にネガティブな事案の際はこれを肝に銘じます。

半面、メディアはタイムリー性を重要視するため、両者の間で一つの矛盾が発生します。「総支配人として事実を知る、理解する」前に、メディアへのインタビューや発信をする必要が出てくるという矛盾です。

従って、総支配人が事実をつかめていない段階での初期対応としては、以下の四つに関連するコメントしか出せず、また出すべきではありません。

A　謝罪もしくは同情の意を表すること（迷惑をかけたことへの謝罪や災難にあった事態に対する同情）。（例）今回、発生した件につき、まずは被害に遭われた方、亡くなられた方にお悔やみを申し上げます。

B　原因の究明中であること。（例）規則や当社のSOPに照らし合わせ、現在、原因を調査中です。

C　当局や関係各所への捜査などへの協力は惜しまないこと。（例）当局の指導にのっとり解決に向けて協力は惜しみません。

D　（不祥事や悲劇などを）繰り返し起こさないことに注力すること。（例）今後、こうしたことが二度と発生しないように事故再発防止に努めます。

質問を受けた際も、「ノーコメント」ではなく、事柄に応じてこの四つの回答をすることになります。これらの回答では、ともすると不誠実に聞こえるかもしれません。ですが、事実が分からない状況でその場しのぎのコメントや自身がエモーショナルな精神状態に追い込まれている際での不用意な発言は、避けるべきなのです。四つの回答をベースにする方が賢明です。

場面やケースによっては「私は詳細をお答えする立場にありません」という回答も必要になることもあります。しかし、このコメントに対しては「それでは答えられるのは誰か」という質問を誘発する可能性があります。

インタビュー前には、広報担当者との打ち合わせも念入りに行なってください。広報担当者は、原稿を用意したり、発言のコンセンサスをとること、タイミングを見て質問の打ち切りをしたり、場合によっては総支配人とメディアの間に入って、メディアからの質問を防御することも仕事になります。

メディアに対しては、真摯であるべきですし、良好な関係でいることが望まれます。従って、時間を経た後で発見された事実があれば、それをベースに再度の公式コメントを出すことなど、それぞれの場面や、ホテルのメディアポリシーに即して適切な対応を心掛けてください。

③事業継続計画（BCP）

大地震や火災などの緊急事態に直面した場合、ゲストやスタッフの避難、そして安全を確保することが当座の最優先事項となります。そのために、まずはホテルとして総支配人を中心に尽力します。その後、一息つける状況になると、少し長いスパンでの対応策が必要になります。

こうした事態回復や、復旧にあたる期間も、ビジネスが滞りなく継続するために策定されたシナリオのことを、BCP（Business Contingency Plan＝事業継続計画）と呼びます。ホテルの規模感などにより実施すべき範囲や内容に若干の違いはありますが、計画策定の主旨は変わりません。

有事により、ヒト、モノ、カネがダメージを受けることになります。それぞれに優先事項を付して対応することとなります。それらを事前に予見し、計画を策定しておくことが肝になります。

具体的には「ヒト」であれば、一時避難所や仮住居の用意、被災にあたっての生活支援、傷病へのケアなどです。「モノ」であれば、各種インフラ（ガス・電気・水道）の確保、通信やシステム障害（システムダウン）への対応、建物の点検と修繕です。「カネ」であれば、一カ月程度の運転資金や債務用資金の確保、適切な損害保険への加入などへの準備や対策となります。

それぞれ現状と課題を特定し、そのギャップとしての課題を検討し、計画、対処します。ホテルとしての危機に対する意識を根付かせ、必要な情報などは適宜更新し、周知するというBCPサイクルを創り上げ、ドライブすることは総支配人の危機管理として外せない要素になります。

危機管理において最も愚かなのは、「自分に不都合なことは起こらない」と高をくくり、準備をせず、実際に発生した時に右往左往してしまうことです。賢明である総支配人は、こうした事態は避けたいところです。自分一人では何もできません。また、危機への対応は役職、担当など関係ありません。総支配人はホテルチーム全員の安全への高い意識を醸成し、その文化を定着させることが求められるのです。

総支配人秘話③『10 人の総支配人』

現在の私の目標は、「10 人の総支配人を育てる」ことです。「育てる」という表現は余りにおこがましいですが、その成長と開発に関与したいというものです。この著書もそうですが、何らかの形で総支配人職に就く方や希望する方の手助けができればと思っています。私自身も総支配人という職業を知り、そして総支配人になれたことによって、大きく人生が変わりました。本文にも書きましたが、総支配人職はすべてが薔薇色であり、申し分ないなどとは言えません。むしろ、辛いことや厳しいことの方が多く、孤独感やプレッシャーに悩まされます。

しかしながら、その先にはビジネスマンとしての色々な意味での自己実現の可能性や、多くの方々との出会いがあります。そして、総合的な満足感は非常に高いと私は実感しています。加えて、今後の日本や世界を俯瞰して思うに、「観光業が成長産業であることは間違いない」ということです。そして、ホテル総支配人は観光業を横断的に理解し、活動しますから、職業的な安全性も高いのです。

総支配人に任命されるのは、スタートラインに立つようなものです。総支配人になるのも大変ですが、続けるのはもっと大変です。私が応援して総支配人になった後輩が、魑魅魍魎《ちみもうりょう》が跋扈《ばっこ》する現実世界のなかで、明るく前向きに、そして総支配人として胸を張れるホテリエであり続けるために、そんな後輩たちの味方でありたいと思っています。私自身にもメンターのような存在の総支配人がいました。私の成長に力を貸してくれた尊敬する方です。その方から習ったことは非常に多く、私自身がバトンを引き継ぎ、その教えを次世代につなげるのも自分の役割だと思っています。

同時にスポンサーでありたいとも思っています。十分な知識や経験を体得しても総支配人になれない、あるいは次のステップに移れない方も多くいます。そうした方々に新たな機会を提供するのがスポンサーです。メンター=スポンサーが望ましくはありますが、必ずしもそうでないこともあり得ます。私が幸運に恵まれたのはスポンサーとなってくれた総支配人の方がいたからです。こうした方々がいなければ今日の自分は存在しません。本当に足を向けて眠れません。

また、自分を育て、充実した時間を過ごさせてもらっているホテル業界に対して、可能な限り私自身も恩返しがしたいと強く思っています。それを現実にできるかは、いかに“活きた”総支配人を創り上げることができるかにかかっていると思います。活きた総支配人はビジネスマンであり、その才覚は他業種のトップクラスのビジネスマンと比較しても遜色なく、経済的にも負けることはありません。

目指すべきロールモデルが存在しない業界には、若い人は誰も目を向けません。ロールモデルを輩出し、年齢を問わずあらゆる世代が目指す、活力のあるホテル業界であることに寄与したいと思っています。

第九章　総支配人のコンピテンシー

コンピテンシーとは

コンピテンシーとは、ハイパフォーマーの方々に共通して備わっている、高い業績や成果を成し遂げる行動特性のことです。最終章である本章では、総支配人の職務を遂行する上で必要とされる行動特性を最後に紹介します。

総支配人は「General Manager」ですから、「General な、万遍のない能力」が求められます。自身に備わるコンピテンシーを棚卸しすることにより、既に身に付いているものは何か、未開発のものは何かを見極めておくことは、あなた自身を次のステージに押し上げる強力な後ろ盾となります。

また、コンピテンシーをなぞっていくとあることに気づきます。それは、経営の学位でもある「ＭＢＡ(Master of Business Administration)」で必要されていることとほぼ同質であるということです。ＭＢＡは主に、戦略、マーケティング、人事、経理（財務）、そして運営についての幅広い知識を深めることに重きをおいており、実社会のビジネスや経営においての基盤となるものです。

「総支配人としてのコンピテンシーを備えること」、それはすなわち、ＭＢＡで学ぶ事と同じ価値があるのです。よって総支配人は、その実務を続けるうちに、知らず知らずのうちにビジネスで最低限必要な知識やスキルを体得していることになります。これらの要素は、無計画、無意識に積み上げていくよりも、積極的かつ計画的に身に付けるべきでしょう。ここに紹介するコンピテンシーリストに沿って、あなた自身の棚卸しをしてみてください（紹介する順番と重要度は関係ありません）。

総支配人のコンピテンシー　チェックリスト		
①	戦略的であること	
②	決断力があること	
③	法律知識を有すること	
④	洞察力があること	
⑤	人材管理能力があること	
⑥	プロジェクト管理能力があること	
⑦	多言語力を有すること	
⑧	リーダーシップを有すること	
⑨	財務知識を有すること	
⑩	交渉力があること	
⑪	時間管理能力を有すること	
⑫	コーチング能力を有すること	
⑬	問題解決力を有すること	
⑭	コミュニケーション能力が高いこと	
⑮	異文化理解力があること	
⑯	影響力があること	
⑰	ホスピタリティの精神を有すること	
⑱	顧客志向であること	

コンピテンシー①　戦略的であること

戦略とはつまり、「何を行ない、何をしないかの取捨選択」のことです。

経営戦略、営業戦略、人事戦略、何をするにしても戦略的な思考、視点は大事です。ましてや、チームを率いて物事を進めるのであれば当然です。闇雲に突き進む行動は戦略的とは言えず、勘や度胸に頼らない合理的な言動が必要となります。

そこで登場するのが各種のフレームワークです。「SWOT分析」を行なえば、自社の強いところを徹底的に強くするという選択や、苦手で不得意なところは手を付けない（＝捨てる）という選択ができます。また、「3C分析」は戦略策定には不可欠です。

こうした思考フレームはいくつもあり、頭の中だけで考えるよりも、紙やホワイトボードに描いてみて、手を動かし、可視化して考える習慣を付けるだけで、判断のスピードと精度が向上します。

コンピテンシー②　決断力があること

総支配人の仕事の最たるものは「決断をすること」です。熟考する時間があることは少なく、場合によっては瞬間的に判断を下さなければならないこともあります。タイムリーに決断しないとチャンスを逃すことになります。そうしたことが続くと、その組織は疲弊します。

リーダーとして「決断ができない」、「判断をしない」ということは、これ以上はないほどの罪悪です（「決断を先延ばしにする」ということも決断であり、そうした結論に行き着くこともあるかもしれませんが、私の経験上、先延ばしにして良かったという事例はほとんどなく、決断は早ければ早いほど良いと思っています）。

総支配人は神ではありませんから、間違った決断をすることもあります。その場合には、「方向を変える」のも新たな決断です。「朝令暮改」は、ネガティブな意味で使われることが多いですが、変化の激しい現在においては、それもやむなしではあります。

しかしながら、一度決めたことを覆し、方向転換するには相応の労力と、あなた自身の信用に悪影響を及ぼすこともあります。短・中・長期での課題についての決断は、いずれにせよ慎重さが求められることは言うまでもないのです。

決断のために自身でルールを決めておくことも必要です。決断にあたっての優先順位や優先事項は何かを事前に決めておくのです。筆者であれば、ビジネスでの決断では「お金」と「リスク」と「時間」の三要素に照らし合わせて決断しています。

学生時代、私は浦安にある某テーマパークでアルバイトをしていましたが、そこでは「ＳＣ

SE（安心、清潔、ショー、効率）という四つの優先項目に照らして行動せよ」という指導がありました。こうした目安があると、瞬間的な決断を迫られたときにとても有用です。

また、いつでも相談できる外部の方を数名持っておくとよいでしょう。自身の判断を客観的に検証できます。

大事なことは「一度、決断をしたら、あとはくよくよしない」ということです。良い意味での開き直りも必要なのです。

コンピテンシー③　法律知識を有すること

職務記述書の章でも述べた通り、民法・商法、労働基準法などの法律は、知っておくべきです。労働基準法について注意すべきポイントは、ホテルで保有する就業規則の項目にある、①出退勤、②勤務と休憩時間、③休日と休暇、④時間外労働、⑤退職と解雇という五項目です。もちろんこれだけでは不十分ですが、こうした要素に抵触すると労使争議などに発展するというリスクがあり得ることを知るべきです。

そのほかにも、ホテル運営には、旅館業法や宿泊約款などの基本的な事項、衛生管理、個人情報保護など、必要な知識が複数存在します。

最低限の法律の知識は必要ですが、もっと重要なのは、法や規則への疑義があった場合、「誰に何を聞くのか」ということです。〈ノウハウ〉以上に〈ノウフウ〉です。第三者を活用し、足りない部分を補うことが肝要です。

コンピテンシー④　洞察力があること

洞察力とは、物事の本質を見抜く力です。英語では「インサイト」と呼ばれるビジネス力です。「観察する」、「多角的に見る」、「深く考える（熟考）」。これを三本柱とし、洞察力を養っていくことです。

「観察」は、ともすると表面的なものの見方になりがちですが、そこに好奇心をプラスすると、更に深い何かが見えてきます。

「多角的に見る」には、定性・定量という見方と、「虫の目、魚の目、鳥の目」という見方があります。虫のように地面に近い、現場に近いところに目を配り、魚のように水の流れを感知するがごとく世の潮流を意識し、鳥のように高い場所から幅広く、俯瞰的に見る視界の広さや高さが必要ということです。

そして、「深く考える」ためには自分なりの仮説を持ち、それを検証することや、良い点と悪い点の両面を並べて検討することなど、意識的に考える癖をつける、習慣化することから始まります。ビジネスは何が結びつくかわかりません。どんなことにも好奇心を寄せることで洞察力も高まります。

コンピテンシー⑤ 人材管理能力があること

前述の通り、ジンザイには、会社にとって財産である「人財」、ただそこにいるだけの「人在」、いるだけで罪になる「人罪」の三つのタイプがあります。入社した従業員が、どのジンザイに変化するかは、当該者のやる気や能力次第ですが、「エンゲージメント（愛社精神）」をどこまで高められるかは、総支配人の腕にかかっています。

時代は大きく変わり、「滅私奉公」や「背中を見て覚えろ」という昭和的なアプローチは無用の長物と知るべきです。世代間にある意識や価値観のギャップを乗り越えることも総支配人の能力です。

リストラ（人員削減）を実行した場合、損益計算書（PL）上では費用減となります。短期的な見せかけの利益は出るでしょう。しかし、リストラを実施し始めると、退職に動くのは「人財」とされるスタッフです。そうなると長期的には大きな損出になってしまうのです。

人財は、理屈としては本来貸借対照表（ＢＳ）に計上されるべき資産です（実際には載りません）。将来の利益を創出し、ホテルをポジティブな方向に導くスタッフです。だからこそ、従業員満足度を高める仕組みづくりと日頃のケアが大事なのです。

コンピテンシー⑥　プロジェクト管理能力があること

ホテルには「プロジェクト」と名のつくものが数知れず存在します。大きなところでは開業、リノベーション、改装・改修、そしてホテルの売却などがあります。そのほかにもシステムの変更や、レストランのプロモーションなど、大小さまざまあります。全社を巻き込んで行なうものもあれば、単一部署や単一セクションだけで実施するものもあります。

計画を立て、人を巻き込み、結果を出す。多くの場合、期限があり、時間や資金、人繰りを管理しながら進められます。

「ホテルの開業」を例に挙げますと、開業日から逆算しながら建設、採用、購買、営業、トレーニングを進めます。「ガントチャート」と呼ばれる「工程管理表」を用いて可視化し、時間管理します。財務的な管理においては、予算を守ることが必達です。建設コストはもとより、購買、採用、営業の各種活動に対し、厳しい姿勢で臨むことになります。

計画は、用意周到に立ててもその通りに進むことは稀です。あまたあるトラブルやイレギュラーな出来事が勃発したとしてもめげず、泥を被ってでも結果を出す覚悟が求められます。

コンピテンシー⑦　多言語力を有すること

ここで改めて「言語力（特に英語）の重要性」を語る必要はないとは思います。ですが、ホテル業においては、英語力の有無で生涯年収はおろか、やりたいポジションに就けるかどうかが決まる重要なコンピテンシーです。今後、日本のホテル業界は、外国人の方々のマンパワーを益々必要とします。コミュニケーションの道具としての英語力の重要性は増しているのです。

厄介なのは、取得に長い時間がかかるということ。そして総支配人であれば、文法的な完璧性も求められます。筆者自身も英語力の取得に多くの時間を費やしましたが、引き続きブラッシュアップは欠かせません。

現代ではオンラインクラスなど、学ぶ環境はかなり整っています。もちろん、通訳を介するという手段もありますので英語ができないからといって絶望する必要はありませんが、英語力を強化する努力は必要です。

コンピテンシー⑧　リーダーシップを有すること

リーダーシップとは、他者を巻き込み働きかける影響力です。チームとしての力を最大化することを考え、行動を促せるかがポイントとなります。

サッカーでは、ゴールを決めないフォワード選手に存在価値はありません。ビジネスパーソンである総支配人も、サッカーでいうフォワード選手同様、ビジネスゴール、すなわち「目的や目標に達するという結果」がすべてとなります。リーダーである総支配人はチームを率い、ゴールに向かいチームを鼓舞し、自身の冷静さと情熱をもってことに当たります。

単なる管理者とリーダーの違いをご存知でしょうか。管理者は後ろからスタッフの背中を押し、「ゴー（行け）」というのに対し、リーダーは、先頭に立ち、組織や部下、仲間に「レッツゴー（一緒に進もう）」と言う人です。組織のベクトル合わせができる人なのです。

コンピテンシー⑨　財務知識を有すること

職務記述書の章でも述べた通り、損益計算書（PL）、貸借対照表（BS）、キャッシュフロー表（CF）という財務三表について、総支配人は一定の知識を有する必要があります。金融やファンド系のホテルオーナーも益々増えています。彼らとの共通言語は数値です。数値の意味を理解し、数値で説明する機会は増しています。コミュニケーションツールの一つとして上手に利用してください。

財務諸表は、私を含めた皆が学生時代に苦労した「微分・積分」や「ロケットサイエンス」などと呼ばれる複雑極まるものではありません。数値の理解・分析は、慣れと訓練でできるようになるものです。

コンピテンシー⑩　交渉力があること

総支配人は、ホテルのトップとして、さまざまな利害関係者と向き合うことになります。ビジネスとは交渉であり、手を変え品を変え、ホテルに有利な結果をもたらすために交渉力をフル活用します。

当然ですが、交渉に際し、一人勝ち、自身のみがすべての果実を取ろうとすると無理が生まれ、時にハレーションが発生します。結果、長続きしない関係性に陥ります。

「ウィン・ウィン」が理想ですが「損して得とる」という機転を利かせながら落としどころを探るスキルもビジネスマンのコンピテンシーのひとつです。

交渉相手にも上司や報告者がいますから、「相手の立場に立つ」という視点を忘れないことです。時には、相手の報告用レポートの作成を手助けする、つまり、報告担当者の上役を説得するための資料や理由を一緒に考えてあげるとよいでしょう。

交渉とは、相手を打破したり、辱めたりすることではありません。ポジティブに丸く収めることです。そのためには忍耐強く、そして知恵を使うことです。もちろんディベートなどのテクニックや練習も必要です。自信なさそうな話し方や身なりでは、納得していただくことは難しいでしょうし、論理的なストーリーを構築し、提示しない限りは交渉にもならないことはご存知の通りです。

コンピテンシー⑪　時間管理能力を有すること

時間を制する者はビジネスを制します。この世の中で、誰にでも唯一公平なのは時間です。そして意識すべきは、「時間は有限」だということです。有限である以上、自身でコントロールしないと浪費をすることになり、取り戻しがききません。

そこで不可欠になってくるのが時間管理（タイムマネジメント）です。やるべき仕事を「重要度」と「緊急度」で優先順位をつけて取り組むことにより生産性を向上させることです。

多くの総支配人は、オープンドアポリシー（総支配人室の部屋の扉を開けておき、だれでも気軽に相談しやすくするスタンス）を持っていると思いますが、ときには一時間程度は扉を閉め、自身の成すべき業務に集中することも必要です。

また総支配人は中長期の視点を持つことも必要です。現場スタッフは日々の接客に追われ、とかく近視眼的になりますが、総支配人は常に半年先程度を視野に置きながら日々をリードすることです。今起きている事象や変化が半年先にどのような影響を及ぼすかを考えながら準備をし、仕込みをすることです。

コンピテンシー⑫　コーチング能力を有すること

コーチングとは、「教える」という姿勢による教育ではなく、傾聴や質問を通して当人自らの気づきを促す取り組みです。当人自身の中にある答えにリーチさせ、当人自身の言葉としてそれを引き出せるかがポイントです。その結果として、当人が導き出した答えに沿って行動してもらいます。そうすることによって、言い訳はできなくなりますし、納得感を持ちながら自分事として動くことができるのです。

コーチ役が人生経験豊富な方の場合、陥りがちな失敗があります。それは、多くの事を先に話してしまい、「聴く」ことを疎かにしてしまうことです。また、適切な質問を投げかけないと、当人の気づきが違ったものになる可能性もあります。

コーチングに近い言葉に「メンタリング」があります。メンタリングとは、主にメンター自身の経験をもとに後輩社員に対して指導や助言をする取り組みです。メンタリングでの注意点は、ともすると「メンターの言いなりになる」、「答えを欲しがる」という傾向になり、これも取り組みの失敗になります。

コーチングとメンタリングのどちらを利用するかは、対象者の状態やレベルを総支配人が見極めて判断することになります。私の経験では、メンタリングは、新人を含めた経験の浅いスタッフなどに有効であり、コーチングは、より幅広い層に使える指導の取り組み、コミュニケーションツールだと感じています。

コンピテンシー⑬　問題解決力を有すること

ホテルは三六五日、二四時間営業し、不特定多数の人々を受け入れます。よって問題が起きて当たり前、不測の事態の製造機です。

問題は対外的なもののみならず内側にも発生します。総支配人はさまざまな問題と対峙するのが宿命です。精神的に堪える修羅場にも出くわすこともあります。

ほぼすべてがケースバイケースなので、問題解決のための明確なる答えはありません。ただし、対応にあたっては初動とスピードが命であると肝に銘じてください。

報告者の個人的な主観ではなく客観的な事実を把握することは鉄則です。そして、メモを取る、電話であれば録音をする、ポーカーフェースを貫き、冷静でいることです。総支配人が直接動くべきか、あるいは緩衝材となる役割を介在させるかなどの戦略的な進め方も考慮すべきポイントのひとつです。

また、重要なことは、問題を事前に察知し、起こさせないよう目配りすることです。問題解決より、問題発見に重きを置き、火種を先に消し込むことで、その後に生じることになる労力やお金、時間の浪費を防ぎます。

コンピテンシー⑭　コミュニケーション能力が高いこと

ホテルは人が介在し成り立つ、ピープルビジネスである以上、総支配人にとってコミュニケーション力は必要不可欠なツールとなります。ゲスト、スタッフ、オーナーをはじめとしたステークホルダーとのコミュニケーションの良し悪しが、スムーズなホテル運営に影響を及ぼします。

コミュニケーションには三原則があります。一つ目は、伝えたら、伝わったかどうかを確認するという原則です。言い放しやメールを送信し放しという一方通行の伝達はコミュニケーションとは呼びません。インフォメーションしただけです。

二つ目は、相手が受け取りやすい伝達をするという原則です。コミュニケーションは、よくキャッチボールに喩えられますが、わかり易い言葉を用いて、相手が取りやすいボール（会話）を投げることです。手が届かない高いボール、相手が怖がるほどの速いボールなど、難解な言い回しを避け、相手の理解度を斟酌しながらボールを投げましょう。

三つ目は、ツールを使い分けるという原則です。メールに電話、ショートメッセージにLINEなど、コミュニケーションツールにはさまざまなものがあります。相手との関係性や緊急性、さらには伝えるべき内容を考慮して使い分けてください。

コンピテンシー⑮　異文化理解力があること

異文化との出合いは、ホテルに携わる者にとって、醍醐味の一つです。半面、宗教観や歴史からくる文化や習慣の違い、個人の趣味嗜好や価値観への理解など、扱いが難しいという側面もあります。ゲストのニーズやウォンツの多様化、スタッフの多国籍化、LGBTQの認識、在宅ワーカーへの対応など、枚挙に暇がありません。

ゲストも働く人も変容しているのです。ホテルはそれを認識し、受け止めなければビジネスがたちゆかなくなる時代なのです。総支配人が「うちには関係ないこと」としたら、かなり危険な思想でしょう。

それぞれの違いを十分理解した上で、ゲストが望むハードやソフトを整えることが求められます。また、スタッフにおいては、能力を最大限に発揮できるよう、トレーニングやコミュニケーションを通し、スタッフ同士が信頼・尊敬などの気持ちを持つ空気を醸成させることです。

コンピテンシー⑯　影響力があること

総支配人は、ホテルにおいて、さまざまな意味で自分の意図とは関係なく大きな影響力を持ちます。まずはそこを理解すべきです。そして、どうせ与えるのであればポジティブな影響を与えるべきです。

タレントマグネットという言葉があります。招き猫のごとく人が人を呼ぶことをいいますが、総支配人は人を惹き付ける何かを持つべきです。この要素は採用の際にも有効ですし、ホテルスタッフ達に「総支配人のようになりたい」と思わせ、夢と希望を与えることにもつながります。

俗にいう「オーラ」を身に纏うこと。これも意識次第で作り込むことができます。『人は見た目が9割』というタイトルの書籍がありますが、一番大事なのは姿勢です。背筋を伸ばして、胸を張り、三メートル先を見て歩くことを意識してください。話す時は相手の目を見る、早口にならないなどは常日頃から意識すべきです。

そのほか、服装やカラーリング、髪型、メイクなどにも、清潔感を第一に気を遣うべきです。「ボロは着てても、心は錦」という言い回しもありますが、ホテル総支配人には当てはまりません。やはり対ゲスト、対スタッフ、対メディアと、常に相手がいる役割をトップとして演じるわけですから「イケてる総支配人」を目指すべきなのです。

もちろん、「外見は良いが、中身は空っぽ」では本末転倒です。ハードとソフトの両輪が揃って初めて「イケてる」ホテルが成立するように、総支配人も内・外が揃ってなんぼなのです。

コンピテンシー⑰　ホスピタリティの精神を有すること

ホスピタリティについて言及すると、一〇人いたら、一〇人に対して、置かれている状態や、嗜好を理解して違うアプローチをしていくことになりますので、サービスに比べて難易度は上がります。実践するには、観察、傾聴した上で最善の方法を模索し、対応することになります。

よって、サービスはマニュアル化できますが、ホスピタリティはマニュアル化できません。ホスピタリティと聞くと「対ゲスト」をイメージしますが、自身を取り巻くすべての関係者に対して用いることができる立派なビジネススキルです。これこそが昨今、重要とされる「パーソナライズ」という考え方です。総支配人がこれを理解せずには、ホテルビジネスはうまくいきません。

コンピテンシー⑱　顧客志向であること

どんなに良いものを作ったとしても、ゲストから買ってもらえなければ意味はありません。顧客の声を聞き、顧客の望みを体現するのが総支配人の役割です。

ここで注意すべき落とし穴は、声を聞きすぎてポリシーなく振り回されてしまうことです。現在のチェーンホテルの多くは、顧客のニーズや希望を取り込み過ぎ、結果として似通った商品構成（部屋のつくり、アメニティ、テレビ、ＩＴやデジタルなど）となり、ホテルのコモディティ化が進みました。こうなるとゲストに選ばれる差異化のために価格の魅力のみの勝負、つまり「安売り」になり、利益が薄くなるという結果になります。

商品造成には「Product Out」と「Market In」の二通りの考え方があります。作り手の理論や計画で商品を送り出す「Product Out」と、市場（マーケットや顧客）の意見やニーズを吸い上げて商品化する「Market In」ですが、双方に利点、欠点があります。自社の顧客は誰で、年齢層はどのくらいで、何に重きを置いているかなどの細分化や特徴づけによる「ペルソナ」と言われるターゲットとなるユーザー像の特定も必要です。それにより「厚くする要素は厚くし、そぎ落とすものはしっかりとそぎ落とす」という、戦略的な対応も必須です。

どんな場合でも抜けてはならないのは品質意識です。品質は顧客との約束です。これをディスカウントしてはいけないのです。

― 総支配人ベンチに座れるか？ ―

何らかの理由で一旦、ホテルの現場から退いている総支配人、また次期総支配人候補が次の機会に備える、待機する状態を人事的に「総支配人ベンチ」と呼びます。

総支配人ベンチに座れるかどうかは、保持しているコンピテンシーのレベルにかかっています。コンピテンシーリストは己を磨くための宝の山であり、利用しない手はありません。ここで紹介したコンピテンシーをカバーすることを意識して自身を鍛えて下さい。

総支配人という仕事を誰もが志望する職責とは思いませんが、それでも私は、ホテルにいる以上、目指してほしいポジションであり、挑戦するに値する高い山だと思っています。

「自分に自信がない、劣等感がある人は、国の最高学府を目指せ！」という過激なフレーズで有名な漫画がありますが、ホテルパーソンには、「目標がないのであれば、総支配人を目指せ」と私は言いたいと思います。

総支配人になるには数多くの要素と行動特性が必要です。簡単ではありません。しかし、一度、身に付いた、頭に入った知識や技術は他人に盗まれることはありません。基本的にはモビリティ（流動性、機動性）が高い特技能であり、あなた自身の専売特許となります。

あとがき

我々は今、前例なき時代、前例なき世界を歩いています。短期的に見てもホテルビジネスは次のような環境変化を背景に、戦略の見直しと、それに合った構造上の変化が必要です。

①マーケットの変化（ＤＸの推進や疫病蔓延の状況を背景に、出張やビジネスミーティング需要などを伴う法人ビジネスの縮小。今後は、非法人ビジネスや、ハイブリット型のミーティングビジネス、バーチャル出張に対しても視野を広げる必要があります）

②戦う場所の変化（どこでも似通った宿泊や料飲の運営方法、押しつけがましいサービスから脱却し、従来にはない需要や要求、ライフスタイルの多様化などを意識し、そうした潮流に対応すべく新しいモデルへのトランスフォームが必要です。また人材採用に関しても、ホテル業界内だけを視野に入れるのではなく、他業種とも争奪戦となっています。ホテル業の持つ魅力を外部に打ち出すことが必要です。それにより本来持つ強みと新しい考えや視点を融合し、品質や価値の更なる向上を目指すのです）

③陣形を変える必要性（騎馬隊から鉄砲隊へ。時代の趨勢に応じて戦う体制を変革します。すなわち、組織のありかたや人事戦略を根本的に見直す必要性があります）

こうした変化を受けて、今後、ますます運営のリーダーである総支配人に求められる能力は複雑で多岐に渡ることになります。だからこそ、まずはスタンダードを抑える必要があるのです。本書はそのスタンダードを網羅することを目指しました。

個人に目を移すと、世界や業界が大きく変化するなかで、保有する知識や技術の寿命は縮んでおり、総支配人はおろか、ポジションに関係なくすべてのホテリエがトランスフォーメーションを求められ、理論武装の再構築が求められています。時代の要請も手伝い、個人に課せられた自己変革は待ったなしです。現職総支配人も、そしてこれから総支配人を目指す人も、次の時代を生き抜くためには学びを主体的に行なう必要があります。

近視眼的に捉えると、ピンチはピンチでしかありませんが、俯瞰的かつ長期的に見ると、ピンチはチャンスにも見えることがあります。スピード感と勇気をもって臨めば、今まで見たことのなかった景色が目の前に広がる可能性が誰にでもあるのです。

繰り返しになりますが、好むと好まざるにかかわらず、世の中はさらに激しく変化します。そのスピードは過去に例がなく、誰にも止めることはできません。新しい潮流の中で、柔軟にしなやかに対応することが重要です。

また同時に人生一〇〇年時代と叫ばれる現在で、会社はあなたの面倒を一生看てはくれません。正確に言うと「看きれない」のです。国際競争の激化、AIやデジタルの発達に伴い、終身雇用も年功序列も崩壊し、企業でさえ長く存続することが難しいのに、そのような余裕がないことは誰でもわかる理屈です。

皆が総支配人になる必要はないですし、なるべきだとは思いません。しかし、一方で総支配人職を遂行する上での能力や知識、ビジネス感覚や戦略ノウハウ、物事への対処法といったコンピテンシーは、ホテルのみならずビジネスマンとしてのキャリアや人生の指針となるのです。日本型終身雇用制度の崩壊とともに「メンバーシップ型雇用」から「ジョブ型雇用」へ移行が進み、自分のことは自分で決め、未来やキャリアを切り拓いていくことがより一層求められます。自然災害や紛争、疫病などの脅威は存在するものの、今後の日本は観光業が成長分野であることは間違いなく、その可能性と期待は大きい。そのなかでホテルが果たす役割、ホテルを牽引するホテル総支配人の役割は実に重要なのです。

ウォルト・ディズニーがこんな言葉を残しています。

「情熱を持つ一人は、情熱を持たない一〇〇人に勝る」

ホテルのど真ん中を歩く総支配人が元気でなくてどうしますか。まずは我々自身が総支配人として情熱とプライドを持ち、そして未来を創り上げていきましょう。

愛するホテル業界への恩返しの意味を込めて、ホテル総支配人が将来なりたい職業として選ばれることに貢献できれば大変、嬉しく思います。

末筆となりますが、拙著の完成にあたり当初から二人三脚で併走いただき、多くの助言と導きをいただいた宿屋大学の近藤寛和代表に最大限の感謝を申し上げたいと思います。また、素敵なカバーデザインをしてくださったジャンニ平賀氏、本書を出版するにあたり多大なるご理解とご協力をいただいたオータパブリケイションズの林田研二執行役員に厚くお礼申し上げます。お三方のご支援なしにはこの著書は存在しなかったと思います。最後に、日頃からさまざまな形でお世話になっている先輩総支配人の皆様、友人として支えてくれている総支配人、ホテリエの皆様にも、この場をお借りして感謝を申し上げます。

福永 健司

福永　健司

日本大学法学部卒業後、仏系リゾート運営会社、都内会計事務所勤務を経て、東京・大阪・仙台・台北にて、ラグジュアリー並びにアッパーアップスケールホテルの総支配人を歴任。また米系ホテルチェーンの日本・グアム地区統括総支配人として、20 ホテルの運営統括、新規開業や開発に携わる。
複数の大学や企業でのホスピタリティ業の講師として、また認定プロフェッショナルビジネスコーチとして、コーチング活動の実施などホテル業界の人材の育成に取り組む。

米国・コーネル大学ホスピタリティマネジメントマスターサティフィケート取得
レ・クレドール台湾ゴールデンキー協会名誉会員

総支配人《そうしはいにん》の教科書《きょうかしょ》

2022 年 12 月 15 日　第 1 刷発行

著者　　福永 健司（ふくなが　けんじ）
発行社　太田　進
発行所　株式会社オータパブリケイションズ
〒 104-0061 東京都中央区銀座 1-24-1 銀一パークビル 5 階
TEL03-3538-1001
info@ohtapub.co.jp　http://www.hoteresonline.com/

印刷・製本　富士美術印刷株式会社

ISBN978-4-903721-95-8 C0034
定価はカバーに表示してあります。